ちくま学芸文庫

増補 古典としての旧約聖書

月本昭男

筑摩書房

目次

増補　古典としての旧約聖書

古典としての旧約聖書

ご紹介いただきました月本昭男です。わたしは子どものころより聖書に親しみ、また、大学院時代からは少しく専門的に旧約聖書研究に取り組んでまいりました。そのなかで、日ごろ学んでおりますことの一端を「古典としての旧約聖書」と題して、お話しさせていただきます。

1

旧約聖書は、周知のように、キリスト教成立以前のユダヤ教において成立した書物です。ですから、ユダヤ教徒が「聖書（ザ・バイブル）」という場合、旧約聖書のみを指します。旧約聖書はキリスト教側からの名称です。そこで、最近では「旧約聖書」ではなく「ヘブライ語聖書」という名称を用いるべきである、との主張が一部にあります。その場合、新約聖書は「ギリシア語聖書」と呼ばれます。旧約聖書の「旧」という部分にユダヤ教を貶《おとし》めかねないキリスト教側の価値観が含まれているというのがその理由です。あるいは、旧約聖書を第一契約書、新約聖書を第二契約書と呼んだらどうか、という提案もあります。ここでは、しかし、通称としてなじみ深く、すでに一般化している旧約聖書という名称を踏襲させていただきましょう。

ここで旧約聖書と申しますのは、ヘブライ語（ごく一部アラム語）で原典が伝えられてきた大小三九の書からなる書物ですが、このほかに、主としてカトリック教会や東方教会が伝え、今日、『旧約聖書続編』と呼ばれる十数点の書物も広い意味で旧約聖書に属します。それらは総じて三九の書よりも新しい時代の作品です。この部分を含む新共同訳聖書が日本聖書協会から「旧約聖書続編つき」として頒布されています。わたしはこの『旧約聖書続編』の存在意義を認めるに吝《やぶさ》かではありませんし、とくにその成立と伝承の過程をユダヤ教と初期キリスト教の関わりのなかで考察することの重要性は充分に認識しているつもりですけれども、ここでは、さしあたり三九の書からなる旧約聖書に限定させていただくことにいたします。

さて、キリスト教会は、まずはユダヤ教で成立し、ユダヤ教において正典化された旧約聖書をそのまま受容し、これを自らの正典の一部としました。というより、新約聖書各書が編纂され、これが「カノン（正典）」として成立するまでは、初代キリスト教にあっても旧約聖書のみが聖書でした。たとえば、テモテへの第二の手紙三章16節には「聖書はすべて神の霊の導きのもとに書かれ、人を教え、戒め、誤りを正し、義に導く訓練をするうえに有益です」と記されていますが、この場合の「聖書」が旧約聖書を意味していることは明らかです。ただし、新約聖書のギリシア語ではグラフェー「書物」とだけあり、「聖なる」という形容詞をつけないのがふつうです。

では、ユダヤ教から袂を分かったはずのキリスト教会がなぜユダヤ教の聖書を正典として受容したのでしょうか。いうまでもなく、それはナザレのイエスが伝えた福音が、より正確にいえば、ナザレのイエスをキリスト（＝メシア）と信じる信仰が、旧約聖書の成就とみられたからでした。たとえば、パウロはローマの信徒への手紙の冒頭、一章2節で「この福音は、神が既に聖なる書物の中で預言者を通して約束されたもの」であると述べています。この場合、「聖書」という表現には例外的に「聖なる」

という形容詞が付されています。あるいは、ルカによる福音書の末尾の部分をみますと、復活したイエスはエマオの途上で「モーセとすべての預言者からはじめて、聖書全体にわたり、ご自分について書かれていることを説明された」と記されています（ルカ二四27）。

またその直後には、「わたしについてモーセの律法と預言者の書と詩篇に書いてある事柄は、必ずすべて実現する」（ルカ二四44）と復活のイエスが弟子たちに語っています。「モーセの律法と預言者の書と詩篇」は旧約聖書全体を指しています。そこに当時のユダヤ教における旧約聖書理解が反映していることは明らかです。といいますのも、よく知られているように、ユダヤ教では伝統的に旧約聖書を三つの部分に分けて、トーラー「律法」とネビイーム「預言者」とケトゥビーム「諸書」と呼びます。そして、それらの冒頭の子音、トーラー（Tōrāh）のT、ネビイーム（Nebīīm）のN、ケトゥビーム（Ketûbîm）のKに補助母音を付して、全体をタナハ（Tanakh）と呼び慣わします（kがkhになるのはヘブライ語の音韻法則による）。すでにルカによる福音書にこの伝統が踏まえられているのですね。この場合、「諸書」はヘブライ語聖書でその最初に配列される「詩篇」に代表させていると考えられましょう。

2

キリスト教はユダヤ教という宗教的・精神的風土のなかから誕生しました。最初期のキリスト教はユダヤ教の一派と目されていました。たしかに、イエス自身も弟子たちも、そしてパウロももともとユダヤ教徒でした。しかし、キリスト教会は次第にユダヤ教から袂を分かち、独自の宗教として成長してゆきます。使徒言行録一一章26節によると、彼らがはじめて「キリスト者」と呼ばれたのはシリアのアンティオキアでした。ところが、ユダヤ教の聖書はそのまま受容したのです。それは、先に見たように、イエス・キリストの福音が旧約聖書の成就であると受けとめられたからでした。そのために、キリスト教会において旧約聖書は、キリスト教信仰に照らして読まれ、かつ解釈されるようになりました。

たとえば、イザヤ書七章14節の「インマヌエル」も、九章5節の「ひとりのみどりご」も、一一章1節の「エッサイの株から萌え出る若枝」もメシアとしてのイエス・キリストの到来を告げる預言として理解されました。同じイザヤ書五三章の「苦難の僕」の姿は十字架の死にいたるイエス・キリストの苦難の生涯と重ね合わされ、イエスの死の贖罪論的意味がそこから摑み取られてゆきました。なかでも、多くの詩篇がイエス・キリストと結びつけられました。たとえば詩篇第二篇は、元来、新しい王が油を注がれて即位する際の儀礼を背景にした古代イスラエル時代の儀礼詩文でしたが、その7節に神ヤハウェの「子」として言及される王は、福音書におけるイエス受洗の記事（マルコ一11）そのほかにもみられるように、初代キリスト教会において、「神の子」イエス・キリストの予型として読まれました。そしてそこから「神の子」としてのキリスト像が造形されてゆくことになります。こうして十字架に処刑されたイエスをメシアとして信じる信仰自体が旧約聖書によって根拠づけられました。パウロのいわゆる信仰義認論（ロマ四3、ガラ三6他）も、ヘブライ書の大祭司キリスト論（四―一〇章）も、旧約聖書にその典拠が求められています。

ところが、いったんキリスト教が確立すると、旧約聖書を介してキリスト教信仰を理解するのではなく、旧約聖書のなかにキリスト教の思想を読み込むといった事態が起こってゆきます。それは創世記冒頭のエデンの園の物語にまで及んでいます。エデンの園の物語によれば、後にエバ（ヘブライ語ハッワー）と呼ばれる人類最初の女性を蛇が誘惑して、神が食べることを禁じた「善悪を知る木」の実を食べさせてしまいますが、神ヤハウェはその蛇に向かって次のように告げました。創世記三章15節です。

お前と女、お前の子孫と女の子孫の間にわたしは敵意をおく。
彼はお前の頭を砕き、お前は彼のかかとを砕くであろう。

蛇に対するこの神の言葉は、キリスト教の伝統のなかで、蛇が悪魔と理解され、悪魔に対するキリストの勝利の予表として読まれることになります。この箇所のメシア論的解釈自体は初期ユダヤ教——たとえばパレスチナ・タルグム——にもみられますが、それはユダヤ教の伝統とはなりませんでした。これを後代にまで伝えたのはキリスト教だったのです。この神の言葉にサタンに対するキリストの苦難と勝利をみる解釈は今日までキリスト教に連綿と伝えられています。たとえば、引照付き新共同訳聖書において、創世記三章15節の参照箇所としてローマの信徒への手紙一六章20節が指示されていることにそれは示されています。パウロが「平和の源である神は間もなく、サタンをあなたがたの足の下で打ち砕かれるでしょう」と述べている箇所がそれです。

さらに、福音派の諸教会でひろく用いられている新改訳聖書の引照および注解付きの版をみますと、「（イエスは）……悪魔をご自分の死によって滅ぼし」と記すヘブライ人への手紙二章14節などが引照箇所としてこれに加えられ、次のような注解が付されることになります。「15節は原福音と呼ばれるもの。ここにはキリストの福音が予表されている。特に女の子孫が単数であることが、キリストによるサタンへの勝利を表していると思われる。お前の頭を踏み砕きは、サタンとその力に対する完全な勝利を表わす」（注解・索引・チェーン式引照付『聖書 新改訳』、いのちのことば社、一九八一年）。ちなみに、この注解では「子孫」という語が単数形であることがことさら強調されていますが、聖書ヘブライ語を学ばれた方はご存じのように、「子孫」と訳されるヘブライ語ゼラアは、通常、集合名詞的に単数で用いられるため、この箇所がことさら単数形を用いているというわけではありません。いずれにしても、旧約聖書にキリスト教信仰を読み込もうとする典型的な一例を、こうした解釈にみることができましょう。

わたしは、ここで、旧約聖書を新約聖書の思想との関わりで読むこと自体を否定しようとしているのではありません。旧約聖書のキリスト教的解釈を放棄せよ、と主張したいのでもありません。わたし自身、一人のキリスト者として旧約聖書に親しんできましたし、実際、わたしが旧約聖書学を専攻するきっかけは、子どものときから培われてきたキリスト教信仰と無関係ではありませんでした。しかし、旧約聖書を学ぶなかで、特定のキリスト教神学や信仰を旧約聖書に読み込むことは極力避けねばならないと考えるようになりました。何よりも、はじめに申しましたように、旧約聖書はキリスト教に少なくとも数世紀は先だって成立した書物です。したがって、旧約聖書からキリスト教信仰成立の背景を検証するということなら理解できますが、逆に、旧約聖書のなかにキリスト教思想を読み込もうとするのは、今日的には、いかにも不自然です。たしかに初代キリスト教徒は、旧約聖書を介してその思想と信仰を形成させ、これを確立してゆきました。それはキリスト教が旧約聖書を、そして旧約聖書を聖書として伝えた初期ユダヤ教を土壌として育ったことを示すものですが、そのことは旧約聖書がキリスト教の専有物であることを意味しません。実際、現行の邦訳旧約聖書の原典として用いられているヘブライ語聖書はユダヤ教徒が伝えてくれたものでした。それならば、旧約聖書はユダヤ教とキリスト教の共有財産である、といえばよいでしょうか。

これに対するわたしの答えはきっぱりと「否」です。わたしは、むしろ、旧約聖書はユダヤ教やキリスト教を超えて、すべての人の古典、人類の古典である、と申したいのです。それが、かれこれ三五年ほど旧約聖書と取り組むなかで、旧約聖書全体についてて得たわたしの結論でもあります。本日の演題を「古典としての旧約聖書」とした理由もここにあります。

わたしはいま「古典」と申しました。古典とはそのままの字義を解するなら、「古い典籍」という意味でありましょう。この語が漢語としてどこまで遡るのかは、承知しておりませんが、ひろく使われるようになったのは、英語のクラシック（classic）などの訳語としてであろうと想像いたします。この西洋語はラテン語のクラシス（classis）なる語に由来し、元来は艦隊を意味したそうですが、そこから「艦隊の」という形容詞（classicus）が生まれ、「優れた」という意味で用いられるようになり、それとの類比で精神世界における「古典」という概念が誕生してきたらしいのです。いずれにしても「古典」が単なる古い書物という意味に留まらないことは、日本語の語感だけからも予想がつきます。「古典」は単に古いだけでなく、長い間、人々に読み継がれなくてはなりません。長い間、人々に読み継がれるということは、その作品が記された時代を超え、民族を超え、文化を超えて、様々な仕方で人々を魅了し、人々を突き動かしてきたということを含みます。時代は変化しても、人々がそれぞれに大切な何かをそこに感じ取り、大切な何かをそこから学び取りうるような作品、すなわち書物という形をとった人類の精神的遺産、それを仮に「古典」と呼ぶとしますと、旧約聖書はまちがいなくそのような「古典」である。しかも、最も良質な部類の「古典」である。わたしはそう申したいのです。ただし、この場所で、旧約聖書を構成する三九の書をすべて扱うわけにはゆきません。そこで、以下、論点を三つにしぼって、いま申し上げた旧約聖書の「古典性」に触れてみたいと存じます。

3

最初に触れてみたいのは預言者の精神についてです。周知のように、旧約聖書には三つの大預言書、イザヤ書、エレミヤ書、エゼキエル書と、ホセア書からマラキ書に至る十二の小さな預言書が残されています。それらは、紀元前八世紀中頃の北イスラエル王国で活動したアモスに始まり、バビロニア捕囚期を経て、捕囚帰還後一五〇年ほどを経た前五世紀までの預言者たちの言葉を中心に編まれています。これらの預言者たちが活動した時代情況は同一ではありませんし、各預言者の出自も個性も様々ですから、彼らが同胞に告げた使信を一括りにすることはできませんが、総じて、彼らはイスラエルの伝統的な神ヤハウェへの信仰に立って、それぞれの時代情況と批判的に対峙した、といえましょう。

なかでも王国時代の預言者たちは、一部の支配層や富裕層が豊かさを享受する陰で社会的弱者が抑圧され、搾取される現実を座視することができませんでした。たとえば、正義と公正を欠如させた社会の現実をとらえ、安穏として奢侈に耽る富裕層に向かって「サマリアにいるバシャンの（肥えた）牝牛どもよ、弱者を抑圧し、貧者を搾取する者たちよ」と激烈な糾弾の言葉を浴びせかけたのは北王国のアモスでした（アモ四1）。神ヤハウェ（ヤハウェは現行の邦訳聖書では「主」と訳される）の預言者として登場したアモスの眼に、弱者を食い物にする祭司や貴族や商人たちは許しがたく映ったのです。こうした社会批判は、南王国では、イザヤに、ミカに、そして王国末期のエレミヤに、捕囚時代初期のエゼキエルにと、連綿と引き継がれてゆきました。それはさらに、捕囚帰還後の第二神殿時代の預言者マラキにまで及んでいます（マラ三

5)。次に引用するのはイザヤの預言の一節です。

お前の高官たちは頑迷で、盗人らの仲間、
こぞって賄賂を好み、贈物を追い求める。
彼らは孤児のために裁きを行わない。
寡婦の訴えは彼らのもとに届かない。(イザ一23)

こうした批判は、単語を少し入れ替えれば、役人天国といわれた戦後しばらくの日本にさえもそのまま当てはまるではありませんか。もとより、古代西アジアにおいては、かのハンムラビ法典にもみられるように、社会の公正を守る責任を負ったのは王でしたが、実際には、そうした理想からほど遠い現実がありました。しかし、その現実をこのように鋭く洞察し、これに厳しく迫った預言者のような人物群は、わたしの知る限り、紀元前一千年紀の前半に、イスラエルのほかから輩出することはありませんでした。

預言者たちは、また、政治の領域にも果敢に踏み込みました。前九世紀以降、南北に分かれていた小国イスラエルとユダ両王国はしばしば強大国の脅威にさらされていました。北からはまずアッシリアが、次いでバビロニアがシリア・パレスチナの小国に触手を伸ばしてきました。南には大国エジプトがひかえています。その狭間で、北イスラエルも南のユダも政治的に翻弄され続けることになります。こうした状況下で小国がとりうる外交政策といえば、常識的には、これら強大国の力関係を見極め、より優勢な勢力側につくことにあったでしょう。ところが、預言者たちはこうした外交姿勢を厳しく批判するのです。預言者ホセアは言います。

エフライムは鳩のよう、愚かしく心がない。
エジプトに呼び求め、アッシリアに赴いた。(ホセ七11)

エフライムとは北イスラエルのことです。北イスラエルは一方でエジプトに助けを求め、もう一方でアッシリアに忠誠を示そうとする。このように節操を欠いた大国迎合依存政策がこの民に救いをもたらすことは断じてありえない。それが預言者の信仰的洞察に基づく確乎たる信念でした(ホセ五13－14、一二2)。事実、北イスラエルを滅亡させた原因はこうした風見鶏的な政策にありました。そのころ、南のユダ王国でもイザヤが同様の主張を繰り返しました。

災いだ、助けを求めてエジプトに下る者たち。
彼らは馬に頼り、多いからといって、戦車に、
はなはだ強いからといって、騎兵に信頼する。
イスラエルの聖なる方には目を向けず、
ヤハウェを尋ね求めることはなかった。（イザ三一1）

イザヤは、一見、軍事力が最後に物を言うかにみえる国際情勢を見据えながら、アッシリアを恐れるな（イザ一〇24他）、エジプトに頼るな（イザ三〇7他）、と主張したのです。武力でも大国依存でもなく、神ヤハウェへの静かな信頼、それが国の礎《いしずえ》であり、そこにこそ真の力が働く。それがイザヤの確信でした（イザ三〇15）。事実、当時の世界帝国アッシリアの支配もバビロニアの支配も、そう長くは続かなかったことを歴史は教えてくれています。

預言者の批判の鉾先は、また、宗教にも及びます。明確なヤハウェ信仰に立つ彼らが民の異教崇拝を厳しく糾弾したのはもちろんですが、その批判の鉾先は異教崇拝にとどまりませんでした。彼らの透徹した眼差しは、祭儀中心のヤハウェ崇拝にも向けられました。正義を欠如させた祭儀は異教崇拝と何ら変わらない。それがアモスやイザヤの視点でした（アモ五21―24、イザ一11―17他）。エレミヤにいたっては「ヤハウェの都」エルサレムにそびえる「ヤハウェの神殿」さえも空《むな》しい、と言い切りました（エレ七4）。こうして、預言者たちは民の安易な宗教依存に警告を発し続けたのです（ミカ三11他）。

預言者たちは、もちろん、以上に述べたような批判だけに終始したのではありません。彼らの批判預言は同胞に対する神ヤハウェの審きの到来を伴っていましたが、それによって同胞を威嚇することが彼らの眼目ではありませんでした。絶望的な情況に陥った同胞には希望を語ることも忘れなかったのです。ヤハウェが救いの神であるならば、必ずや、苦難のなかにある者たちが救われる時代が訪れる。ヤハウェが平和の神であるならば、必ずや、地上から戦いが止む時代が到来するであろう。それが多くの預言者たちのゆるぎない信念でした。はじめにふれたメシア預言がこれに連なります。しかし、なんと申しましても、預言者の本領はその批判精神にありました。それは人類の精神史上に現れた画期的な出来事であったといってよいでしょう。

かつて、哲学者のカール・ヤスパースはその著『歴史の起源と目標』（邦訳は理想社『ヤスパース選集』第九巻）で、人類史における「軸の時代」という概念を提唱しました。ヤスパースによれば、紀元前五〇〇年前後から紀元前後の時代までに、中国では孔子をはじめとする多くの思想家が輩出し、インドではウパニシャッド哲学や仏教をはじめとする様々な思索が深められ、イランではゾロアスター教が誕生し、イスラエルでは預言者たちが輩出し、ギリシアでは本格的な哲学や文学が形をとることになる。そして、これらの思想はその後の人類史の歩みを決定的に方向づけることになった。ヤスパースはこのような時代を人類史における「軸の時代」と呼んで、様々な角度からこれに考察を加えました。彼自身は古代イスラエル預言者の思想を詳しく論じているわけではありませんが、彼の言葉で言えば、彼らは「全人類に共通する何か」を読み取ったのです。古代イスラエル預言者における「全人類に共通する何か」、それは、以上に申し上げたことを一言でつづめて、虚偽の文明を見抜く批判的精神である、といってよいでしょうか。そこにこそ、人類の精神史における古代イスラエル預言者の意義がありました。

人類が二一世紀を迎えた今日においても、その文明が武力や財力に依存し続ける限り、虚偽の富による支配が続く限り、そして何よりも文明という名の陰で弱く小さな存在が見棄てられ続ける限り、預言者の言葉は人類の古典として読み継がれてゆかねばならないのではないか。わたしにはそう思われるのです。

4

旧約聖書の「古典性」という意味で、次に取り上げてみたいのはその歴史理解の一側面です。

旧約聖書の歴史観については、一般に、古代ギリシアの円環的もしくは循環的な歴史観と対比的に、直線的もしくは線分的であると指摘されてきました。たとえば、第二次大戦中、ナチス・ドイツを逃れて東北大学で教鞭をとったこともある哲学者カール・レーヴィットは、歴史を目標に向かう直線として理解する近代の歴史観の淵源を辿った論考において、そのような直線的歴史観の出発点に旧約聖書の預言者たちの歴史観があったことを指摘しています（『世界史と救済史』創文社、一九六四年）。レーヴィットがなぜ近代の直線的な歴史観の問題を取り上げたのかといえば、ナチズムに典型的にみられるように、国家なり社会が一定の目標を設定してそれに邁進するとき、必然的に、そういう歴史の道筋を妨げるような存在を社会から抹殺してゆくことになる、そうした非人間的な側面が歴史を直線的にとらえる社会には必然的につきまとう、ということをレーヴィットは見据えていたからではないかと思います。レーヴィットの著作の行間から、わたしはそのような洞察を読み取ります。いずれにせよ、旧約聖書にはじまる救済史的歴史観が世俗化するかたちで近代に引き継がれてゆく過程を考察したレーヴィットの論考は、旧約聖書に取り組むわたしには避けて通れない大きな問題を投げかけることになりました。

この問題に関してわたしは、数年前、岩波書店から刊行されたシリーズ『歴史を問う』第二巻（二〇〇二年）において、旧約聖書の歴史観に触れて少しく論じたことがあります。そこで得た結論のひとつは、旧約聖書の歴史観の特質は、過去の各時代が時間的な隔たりをこえてイスラエルの民の現在に直結するような歴史把握の仕方にある、ということであって、決して不可逆性を特質とする直線的なそれではないということでした。わたしはこれを「歴史の現在化」と呼びましたが、本日、申し上げたいのは、こうした旧約聖書の歴史観そのものではなく、旧約聖書がイスラエルの民の歴史伝承のなかでもことさら重視する出エジプト伝承の意味についてです。

旧約聖書は、ご存知のように、創世記から列王記まで、時間の流れにそってイスラエル民族の歴史とそれにまつわる様々な出来事とを綴ってゆきますが、最も印象深く語られているのが出エジプトの物語です。エジプトで奴隷であったこの民が神ヤハウェの「驚くべきみ業」によってそこから解放された出来事こそ、じつに、旧約聖書の民の歴史の起点、信仰の原点でした。歴史的にみると、イスラエルと呼ばれたこの民は紀元前一二〇〇年頃、メソポタミアとエジプトとに代表される古代西アジア文明圏の辺境の地パレスチナに新参者として登場した弱小の一民族に過ぎませんでした。しかし、彼らは眼に見えない唯一の神を信じ、自らをその神に選ばれた民として自覚しました。それによって苦難の歴史を生き抜いたのです。エジプトやアッシリア、バビロニアといった当時の強大国も、イスラエルと同じく小さな民族であったフェニキア人もモアブ人もアンモン人も、すべて歴史という舞台から姿を消してゆきました。しかし、眼に見えない神を信じたイスラエルの民だけはその民族的同一性を保持し続けたのです。その彼らが自らを神に選ばれた民とした根拠が、ほかでもない、出エジプトの出来事でした。申命記七章6―8節に、その辺の消息が次のように記されています。新共同訳で引用します。

あなたは、あなたの神、主の聖なる民である。あなたの神、主は地の面にいるすべての民の中からあなたを選び、御自分の宝の民とされた。主が心引かれてあなたたちを選ばれたのは、あなたたちが他のどの民よりも数が多かったからではない。あなたたちは他のどの民よりも貧弱であった。ただ、あなた（原文は「あなたたち」）に対する主の愛のゆえに、あなたたちの先祖に誓われた誓いを守られたゆえに、主は力ある御手をもってあなたたちを導き出し、エジプトの王、ファラオが支配する奴隷の家から救い出されたのである。

この引用に明らかなように、イスラエルの「選民」思想は出エジプト伝承と切り離すことができません。旧約聖書中の歴史書においても、これ以降の記述のなかで繰り返し、神ヤハウェがイスラエルの民を「エジプトから導き出した神」であることを読者に想起させるのです（ヨシュ二四6、サム下七6、王上八16他）。預言書においても同様です（アモ二10、ホセ一一1、ミカ六4他）。なかでもアモスは、神ヤハウェが地上の全諸族のなかからイスラエルを選んだがゆえに、神ヤハウェはその罪を罰せずにはおかないであろう、とまで語っています（アモ三2）。この民の歴史を回顧する詩篇も少なくありませんが、そのような詩篇で最も多く、また最も詳しく詠われるのは、やはり、出エジプトの出来事でした（詩七八、八一、一〇五、一〇六篇、ネヘ九章など）。

バビロニア捕囚期には、捕囚期の預言に明示されるように、バビロニア捕囚からの解放のおとずれはしばしば「第二の出エジプト」もしくは「新しい出エジプト」として告げられました（エレ二三7－8、エゼ二〇34、イザ四三16－20、四八20－21他）。なかでも便宜的に第二イザヤと呼ばれる捕囚末期の匿名の預言者において、出エジプトにおける「海の奇蹟」の伝承は、混沌の諸勢力を撃破する神ヤハウェの勝利として、じつに宇宙論的なひろがりのなかで語り出されています（イザ五一9－11。詩七四13参照）。

それだけではありません。後のユダヤ教で重視されることになる律法においても、出エジプト伝承は重要な役割を果たしています。旧約聖書において律法は、割礼などを例外として、そのすべてがモーセを介してシナイ山で、さらにはヨルダン川の東で「出エジプトの民」に授けられるのですが、律法のなかの律法といってよい十戒には、ヤハウェがこの民を「エジプトの国、奴隷の家から」解放した神である、とその前文に明記されました（出二〇2、申五6）。また、とりわけ社会的弱者保護を定める律法には、そのつど、社会的弱者が保護されねばならない理由として、「あなたたちはかつてエジプトの国で寄留者／奴隷であった」と付記されています（出二二20、レビ一九33―36、申二四18他）。こうして、出エジプト伝承は律法を介して古代イスラエルの民の倫理の基本を提供しました。宗教祭儀の領域においても、出エジプトの伝承は重視されました。元来、牧羊民の春祭に起源をもつといわれる過越祭、逆に農耕生活を背景にしていると考えられる除酵祭、これら二つの祝祭がエジプト脱出を記念するための春の祝祭として統合されたのです（出一二1以下、一三3以下）。これとは別に、秋のはじめに行われる仮庵祭もまた出エジプトを想起する祭として歴史的に意味づけられました（レビ二三42―43）。

旧約聖書は、このように、出エジプト伝承がイスラエルの民の自己理解の基盤を提供したこと、またあらゆる生活領域を基礎づける歴史伝承であったことを示しています。さきに、出エジプト伝承をイスラエルの民の「歴史の起点」「信仰の原点」と呼んだ理由がここにあります。

このようにみてゆくと、旧約聖書はいかにもイスラエルと呼ばれた民の一種独特の民族伝承であったといわざるをえません。それゆえ、キリスト教の歴史においては、古来、旧約聖書不要論が唱えられることも稀ではありませんでした。しかし、その一方で、たとえばアメリカの黒人奴隷がその奴隷解放への祈りと願いを旧約聖書の出エジプトの物語に託して歌っていたことを、わたしたちは黒人霊歌を通して知っています。

ゆけ、モーセ、パロに告げばや、
わが民を去らせよと、と。

これは、わたしが高校生のころに口ずさんだこともある黒人霊歌の一節です。あるいはまた、日本が朝鮮半島を武力を背景にして植民地化していたとき、かの地の教会では好んで出エジプト物語が読まれ、抑圧される民衆の間に希望の灯をともし続けました。現在、植民地支配は終わりを告げて久しく、世界から奴隷制度は撤廃されていますが、一見、自由にみえる社会が眼に見えない強制力をもって人々を抑圧する場合もないとはいえません。そうした社会において、出エジプトの物語はどのように読まれるのでしょうか。

わたしは大学入学直後、はじめて出席した大学の聖書研究会において、たまたま、出エジプト記五章が読まれたときのことを思い起こします。出エジプト記五章といえば、この民を解放して、荒野でヘブライ人の神ヤハウェのための祭りをさせよ、と迫るモーセとアロンに対して、ファラオが逆に労働強化をもって臨む箇所です。そして、その労働強化策の成果が出ないとみるや、エジプトの役人たちはヘブライの民のなかから労働監督を任された者たちを打ち叩くのですね。そこで彼らはこれを直訴する。しかし、ファラオには「怠け者めが、お前たちは怠け者だ。だから、ヤハウェに犠牲を献げさせよ、などと言う。さあ、働け、働け」と一蹴されてしまう。そういう箇所です。聖書研究会では、この箇所が読まれた後、参加者それぞれが感想を述べることになりました。わたしがどのような感想を述べたか、もはや覚えていませんが、最後に指導の先生のお一人であった今は亡き杉山好《すぎやまよしむ》先生がおよそ次のようなコメントをされたのです。

今日の社会は諸君に、勉強せよ、勉強せよ、と迫るであろう。また、諸君がしばし自由になって、諸君自身にとってより大切なものを求めようとすれば、それは諸君が怠け者だからだ、と言われるかもしれない。しかし、勉強よりも大切なものが誰にも必ずあるものだ。それを見出すために諸君はどうしても「荒野」に出てゆかねばならない。

大学に入学したばかりのわたしは、少しばかりは聖書を知っていると自負していたのですが、聖書にこのような読み方があるのか、と心底驚かされたのでした。もとより出エジプトの物語は、古代イスラエルの民族伝承として語り継がれたものであって、それ以外ではありえません。しかし、社会がそこに住む人々に対して、人格を踏みにじるような強制力をもって立ち現れるとき、この物語は時代を超え、国や民族を超えて、不思議な光芒を放ち、人々を内から突き動かすのです。これを逆に申せば、そういう力を秘めているからこそ、この物語はイスラエル民族の「歴史の起点」となり、その「信仰の原点」となりえたのだ、ということができましょう。

旧約聖書のもつこうした側面は、また、これに触れた人々に対して無言の問いを発せずにはおきません。わたしたちの生きている国では、そもそも、どのような出来事を最も大切な歴史の起点として受けとめ、それを次世代に伝えようとしているのか。そういう問いです。歴史の時間意識は直線的で不可逆的なのか、循環的で可逆的なのか、それとも重層的であるのか、といった抽象的な議論ではありません。何を原点としてわたしたちの国はその歴史を刻もうとしているのか。そのような、ある意味で実践的な問いかけです。「国のかたち」や「国家の品格」ではなく、この国の、この社会の、基本的な道義と倫理観を基礎づけるような〈出来事〉を歴史のなかにどのように見定めるのか。そういう問いなのです。

出エジプト伝承を探ってゆくと、どうしてもこのような問いに突き当たらざるを得ません。そして、こうした問いを秘めていることのなかに、わたしは旧約聖書の「古典性」のもうひとつの側面をみるのです。

5

最後に指摘しておきたい点は、旧約聖書のダイナミズムです。旧約聖書は一面できわめて多様な書物です。歴史記述があり、預言書があり、詩歌があり、人生を考察する知恵文学があります。たとえば創世記一二章から始まる父祖たちの物語、あるいは人間の愛情と憎悪とが交錯するサムエル記の物語などには、じつに様々な人間と人間模様が描き出されてゆきます。詩篇からは、自分の力ではなんともしがたい絶望のどん底（「深い淵」）から絞り出された痛ましい叫びが聞こえるかと思うと、神の祝福のなかで捧げられた感謝と讃美の明るい調べが響きわたります。さらには、どうすれば人は幸いな人生を送ることができるのかと、人生の知恵をもって読者を諭す箴言もあれば、逆にそうした知恵さえも空しいと述べて、世界と人生とを達観するかのような見方をとるコヘレト書のような作品も旧約聖書には含まれています。このような多様性、多面性こそは書物としての旧約聖書のもつ大きな魅力です。

このような旧約聖書を読んで、わたしたちの周囲に眼をやれば、そこには兄弟を騙して逃避行するヤコブがいます。いったん手にした権力を渡すまいとするサウルがおり、ダビデとの友情に誠実に生きたヨナタンがおり、成功をおさめて最後に躓いたダビデがいます。ヤコブ、サムエル、ダビデと、子育ての失敗例には事欠きません。旧約聖書には小説の原石とでもいうべき物語がいくつも転がっている、と述べたのは作家の故井上ひさしでしたが、それはあながち誇張ではありません。そこには様々な人間が生き、多様な人生観が披瀝されています。そして、わたしたちはそこに自分の姿をも見出すのです。

しかし、もう一方で、旧約聖書におけるそうした多様性、多面性には、その全体を貫く一本の力強い筋があります。それは、いうまでもなく、唯一の神への信仰です。この神は眼に見える姿で人々の前に登場することも、直接、人々に語りかけることもありますが、つねに人々の前面に躍り出るというわけではありません。ときには書物の背後に退いて、事柄の展開を静かに見守っているような場合があります。男女の愛を詠った雅歌、エステルがペルシアの王妃となってユダヤ人迫害を止める物語を綴ったエステル記などがそれです。これらの作品は直接的なかたちで神に言及することはありません。この神は、エルサレム神殿を建立したソロモン王が祈りのなかで「神は果たして地上にお住まいになるでしょうか、天も天の天もあなたをお納めすることなどできません」（王上八27）と言ったように、世界を超越する、人間の眼には見えない、唯一絶対の神です。しかし、それと同時に、怒りを発し、喜びを伝え、人間の悪には自ら後悔する、極めて人間的な神でもあります。唯一絶対の超越神が人間的でもある。矛盾と言えば、矛盾です。しかし、それはつねにある意味で矛盾を抱えながら生きる人間の生きた信仰の証でもありましょう。そして、そのような神信仰が旧約聖書全体を貫き、多様な旧約聖書に統一性を与えているのです。

このような多様性と統一性のダイナミズム、それが旧約聖書の魅力ある特徴でもありましょう。そして、この魅力こそが古代イスラエルという時空を超えて、またユダヤ教、キリスト教という特定の宗教を超えて、旧約聖書を読む者の心をとらえるのです。じつは、人類は古代から現代まで、そのような神を様々な形で信じ、また様々な仕方で求めてきたのではありませんか。わたしたちが自らの信仰の立場や思想の構えをいったん括弧にくくり、じかに旧約聖書に触れるとき、そこにはじつに豊かな世界のひろがりがあることに思いあたります。わたしたちの生きている世界がそこには素朴な姿で、しかし見事に、映し出されていることに気づかされるでしょう。それが、人類の古典としての旧約聖書の意味なのです。そして、それが古代西アジアという文明世界の辺境に歴史を刻んだ弱小の一民族によって伝えられたことに、わたしは不思議な感懐を抱くのです。

ご清聴、ありがとうございました。

（日本聖書協会、国際聖書フォーラム二〇〇六講演、二〇〇六年五月）

原初史の主題

このたびの北海道における日本旧約学会の年次大会開催は、学会創設以来、はじめてのことでした。当初、例年より参加者が少なくなるのではないか、と案じましたが、幸いなことに、それは杞憂に終わりました。例年にもまして多くの研究発表と活発な議論が交わされ、充実した大会になりました。とくに、このために会場を提供してくださった北星学園大学に感謝するとともに、そのお世話を厭われなかった山我哲雄さんに、旧約学会を代表して心より御礼申し上げます。

大会の最後に恒例の会長講演が組まれましたが、公開ということですから、学会員以外の方々もお見えです。いささか窓口を広げた話になると思いますが、気楽にお聞きいただきたく存じます。

1

講演題目は「原初史の主題」です。「原初史」とは、いうまでもなく、創世記の一章から一一章までを指します。もっとも、一一章10節以下の系図はそのままイスラエルの父祖アブラハムへと続いてゆきますので、「原初史」がアブラハム以下の父祖たちの物語から完全に独立しているわけではありません。しかし、一章の天地創造物語から一一章はじめの「バベルの塔」の物語まで、そこに組み込まれた物語群はアブラハムが登場する以前の、いわば人類太古の出来事として物語られています。それらは人類一般に関わる物語群です。したがって、そこにはイスラエルという一民族に先だつ人類に共通する諸問題が提示されているはずです。以下、その点に触れてみたいのですが、その前に、原初史と取り組むわたしの立場を、あらかじめ、明らかにさせていただきましょう。

そのひとつはいわゆる五書資料の問題に関わります。ご存知のように、一九世紀以来、旧約聖書学はモーセ五書が複数の資料をもとにしていることを明らかにしてきました。なかでも原初史の部分は、ヤハウィスト資料と祭司資料という二つの独立した資料とが組み合わされて構成されている、と考えられてきました。ヤハウィスト資料とは神名ヤハウェを用いた最古の記述部分を、祭司資料とはバビロニア捕囚期に祭司的観点から記された部分を指します。今日でも、多くの研究者はそのように受けとめています。わたしは、しかし、原初史において祭司資料とみなされてきた部分は編集・増補層とみなすべきであろう、と判断しています。この点については、別のところ（月本昭男『創世記注解（Ⅰ）』、日本キリスト教団宣教委員会、一九九六年）で論じたので、詳しくは申しませんが、以下、二点ほど指摘させていただきます。

そのひとつはセムの系譜を「テラハは七〇年生きて、アブラム、ナホルそしてハランをもうけた」と締めくくる創世記一一章26節です。この部分は典型的な祭司資料とみなされてきました。ところが、ここに言及されるナホルもハランも、これ以後、祭司資料に分類される父祖たちの物語に言及されることはありません。この二人の人物が言及されるのは、カルデアのウルで死んだハランの娘ミルカがナホルに嫁ぎ（創一一28—29）、この二人の間に生まれたリベカをアブラハムの息子イサクが妻に迎える物語（創二二20—24、二四15以下）です。つまり、セムの系譜の締めくくりは、これらの物語を前提にして、はじめて意味をもつことになります。ところが、資料説に従えば、これらの物語はヤハウィスト資料なのですね。とすれば、そもそも祭司資料とみなされるセムの系譜は独立した資料であるよりは、ヤハウィスト資料と呼ばれる部分を前提にした編集層とみるほうが自然なのではないでしょうか。

もうひとつは洪水物語です。洪水物語こそはヤハウィスト資料と祭司資料とが組み合わされた典型例とみなされてきました。ところが、祭司資料とされる物語の日付をみると、明らかに、ヤハウィスト資料の日付を前提にしているのです。たとえば七章24節と八章3節をみると、洪水は一五〇日間増水し、その後、一五〇日かかって減水したことになります。この日数の記述は祭司資料に帰せられます。しかし、増水と減水がなぜそれぞれ一五〇日間なのかと考えてみると、それは明らかにヤハウィスト資料を前提にしていることが分かります。ヤハウィスト資料では、洪水後、ノアは四〇日を経てから烏を、それから七日経って鳩を、さらに七日待ってもう一度鳩を放ち、地から洪水が完全にひいたことを知るのですが、これらを加えると五四日になります。つまり、一五〇日を二度繰り返し、これに五四日を加えると三五四という日数が得られますが、この三五四日こそはバビロニア太陰暦の丸一年に当たります。言い換えると、ヤハウィスト資料と祭司資料が相俟って、洪水の期間が陰暦で丸一年であったことが分かるように構成されているのです。

あるいは、祭司資料に特徴的とみられる七章11節の日付「二月一七日」もヤハウィスト資料を前提にしているにちがいありません。といいますのも、この日付はヤハウェによる洪水の告知を一月一日と考え、それに「七日と四〇日四〇夜」（七4）すなわち四七日という日数を加えた日付以外には考えにくいからです。ただし、この場合、一ヶ月を三〇日とし、それに四日を加えて一年を三六四日と数える当時の太陽暦が前提になっています。こうした事実は、洪水の期間や日付に関して、何度かの編集の手が加えられていることを示しますが、ここで指摘したいのは、要するに、祭司資料とみられてきた洪水の期間や日付が、じつは、ヤハウィスト資料とされる洪水物語の「四〇日四〇夜」や「七日」という数を前提にしているということです。つまり、資料説の重要な根拠のひとつである洪水物語において、祭司資料はヤハウィスト資料を前提にしているのです。

こうしたことから、原初史における従来の祭司資料部分を独立した文書資料としてではなく、原初史の編集・増補層と考えるほうが自然である、とわたしは判断しています。それは、原初史をヤハウィストのそれと祭司資料のそれとに別々に分けて解釈すべきでないことを意味することになりましょう。ちなみに、やはり祭司資料に帰せられる箱舟の寸法は、私見によれば、エルサレム神殿の寸法を下敷きにしていますが、そうであれば、それは伝承資料に基づくのではなく、意図した記載作業によることになるでしょう。こうした点から、わたしは原初史をヤハウィスト資料と祭司資料とに分けて、これらを別々に解釈するという立場をとりません。

もうひとつの前提は「主題」に関わります。講演題目に掲げた「原初史の主題」の「主題」です。わたしどもは、ともすると、旧約聖書の各文書にはその主題が客観的に備わっているかのように思ってしまいがちです。しかし、主題は決して物語記述に客観的に備わっているものでもなければ、そこから客観的に抽出できるものでもありません。わたしたち読者が何らかのこだわりをもち、問題意識を抱きつつ聖書の物語伝承と真摯に取り組むとき、その意味が自ずと浮かび上がる。そして、それが読者のなかで言語化され、思想として輪郭づけられたとき、その物語の主題が立ち現れてくるのです。そういう意味で、主題とは物語伝承とその読み手との間の対話の賜物だといってよいのだと思います。しかし、それゆえに、そこにはつねに読者の側の一方的な読み込みや思い込みが忍び込みかねません。それを最小限にとどめることが学問性ということである、とわたしは理解しています。それは、わたしたちが取り組む物語伝承の本文を最大限に尊重し、その時代史的背景をふまえつつ、文書自体のもつ内的構造を見極めることから始まります。しかし、最終的には、そのようにして見据えられた物語が現代に生きるわたしたちにどのような意味をもちうるのか、という点が重要です。とくに聖書のような書物の場合はそうでしょう。

まわりくどい言い方になったかもしれませんが、要するに、これから申し上げる「原初史の主題」は、現代に生きるわたしという一人の人間が原初史の本文と取り組むなかで摑みとったいくつかの「主題」という意味です。したがって、それは原初史に関心を抱かれる方々への問題提起ということ以上でも、それ以下でもないということを、あらかじめ、ご諒解いただきたいと存じます。

2

さて、人類太古の物語として編まれた原初史全体は、周知のように、物語と系譜から構成されています。物語部分は「天地創造」「エデンの園」「カインとアベル」「洪水物語」そして「バベルの塔」といった五つのよく知られた物語がありますが、加えて、「カインとアベル」には「カインの末裔」の記事が附随し、「洪水物語」には「ネフィリーム伝説」が序章のような形でこれに先行し、後日譚として「ノアの息子たち」の挿話が付されています。また、系譜の部分はアダムとノアまでを結ぶアダムの系図（五章）、ノアの三人の息子から地上の諸民族が広がったことを伝える「諸民族の系譜」（一〇章）、そして、ノアの長子セムからアブラムまでを結ぶセムの系譜（一一10―26）がありますが、セムの系譜にはテラハがアブラムとナホルを連れて、カルデアのウルからカナンを目指して出立しながら、ハランで生涯を閉じることを記す「テラハの系譜」（一一27―32）が続き、それが原初史とアブラ（ハ）ム物語をつなぐ役割を果たしています。

これら全体を概観すると、原初史の大枠をなすのが「天地創造」と系譜記事（資料説でいう祭司資料）であり、とくに系譜によって読者が最初の人間アダムからノアを経てアブラムまでの連続性を確認できるように仕上げられています。「エデンの園」から「バベルの塔」にいたる五つの物語は、その大枠の間に嵌め込まれているかのようです。しかし、原初史の成立という観点からみると、それとは逆に、「天地創造」と系譜記事によって個々の物語が枠づけられて原初史全体ができ上がったのだと思われます。それによって、元来はそれぞれ独立した伝承であった個々の物語の時間的前後関係が整えられました。ただし、「全地が一つの言語、同じ言葉であったとき」と始まり、「ヤハウェはそこから彼ら（＝人類）を全地の面《おもて》に散らした」と締めくくられる「バベルの塔」の物語は、それに先行する「諸民族の系譜」の前におかれたほうが自然です。にもかかわらず、それが「諸民族の系譜」の後におかれた理由は、「諸民族の系譜」に含まれるニムルド伝説が考慮されたからでしょう。ハムの子孫であるニムルドはシンアルの地にバベルをはじめとする都市を建設し、王国を打ち立てた英雄（一〇8―12）として伝えられますが、「バベルの塔」の物語は明らかにそのバベルと関連づけられています。

さて、原初史を構成するこれらの物語には、そこに一貫する主題が見出されるでしょうか。かつてG・フォン・ラートはその優れた創世記注解において、ヤハウィストの原初史全体を人間による罪の増大とそれに応じた神による処罰の歴史として捉えると同時に、そのただなかに働く神の「恩恵」すなわち神の救済意思を読み取りました

（山我哲雄訳『創世記――ATD旧約聖書註解（1）』ATD・NTD聖書註解刊行会、一九九三年、二五四―二五五頁）。そして、この見解はその後の議論に大きな影響を及ぼすことになりました。

たとえば、五書全体の思想を「約束」という観点から理解するD・J・A・クラインズは、このようなフォン・ラートの理解に触発されて、神の創造秩序を破壊する人類の罪の増大ではなく、そのような罪の結果から人類を解放する神の「恩恵」に原初史の主題をみています（JSOT Suppl. 10［1978］）。あるいは浩瀚な創世記注解を残したC・ウェスターマンは、このような「罪と罰、そして恩恵」という原初史理解をふまえつつ、神の救済意思を神の祝福として捉えなおし、これをさらに人間の不服従とそれへの処罰をこえてはたらく「生の力（Lebenskraft）」と言い換えて、次のように述べています（BK I/1, S. 86）。

旧約聖書における〔神の〕祝福は人間に集中する。そして人間に付与されたこの生の力は人間に「大地を従わせる」可能性を、つまり自ら文化財（Kulturgüter）を創出し、発見し、考案する可能性を付与するのだ。祝福はこうして

〔自然から〕人類史という領域に場を移す。

わたしは一〇年ほど前に原初史に関する注解を著した際、このような議論から多くを学びましたが、その一方で、「罪と罰」あるいは「呪いと祝福」さらには「神の恩恵」という主題がいささか神学的にすぎるように感じました。そこで、原初史の主題を、第一に人と自然の関係、第二に人と人の関係、第三に文化ないし文明の問題、という三つの観点から問い返してみたのですが、必ずしも十分に論じ尽くせたわけではありません（前掲『創世記Ⅰ』、一九―二七頁）。しかし、その後、岩波版旧約聖書の翻訳において創世記を担当し、再度、この問題に取り組みました。そこで、あらためて、これら三つの観点すなわち自然観、人間観、文明観から原初史を読んでみたいと思います。本来ならば、これに神観も加えるべきでしょうが、それは各主題との関わりのなかで触れることになりましょう。ちなみに、こうした三つの観点は、神話の特質を様々な事象の起源に関わる物語群と捉え、これを世界の起源、人間の起源、文化・文明の起源という三種類の起源神話に分類する神話学の知見（大林太良『神話学入門』中公新書、現在はちくま学芸文庫）から示唆を得たものです。

3

まず、原初史における「人と自然」すなわち自然観の問題です。じつは、この点に関してもわたしはすでに、岩波版旧約聖書の完成を機に昨年末に出版された『聖書を読む――旧約篇』（旧約聖書翻訳委員会編、岩波書店、二〇〇五年）において多少とも詳しく論じました。これをお読みくださった方には繰り返しになってしまいますので、ここでは、要点のみを申し上げさせていただきます。

わたしが旧約聖書の自然観に関心を寄せざるをえなかったのは、一九八〇年代前半、梅原猛氏が繰り返し述べていたキリスト教の自然観に対する批判的見解でした。近年、科学技術の発達に基づく工業化が地球規模で自然破壊や環境汚染をもたらす結果になりましたが、氏はその背後に、人間を自然の支配者として位置づけ、人間と自然を主従関係で捉えるキリスト教の人間中心主義をみて、それを自然破壊や環境汚染の思想的元凶として指弾されたのです。それは、人間を自然の支配者として位置づける創世記冒頭の人間創造の記事に由来するというのですね。わたしは旧約聖書研究に携わる者として、氏のこのような問題提起を正面から受けとめざるをえなかった。そこで、そのような観点から旧約聖書を読み返すことになりました。

最初に知らされたことは、神が人間を創造して「地を従わせよ、生き物を支配せよ」と語る創世記一章に続き、二章冒頭の「土を耕す人がいなかった」(二5)と訳される「耕す」の原語に、通常は「仕える」を意味する動詞アーバドが用いられているということでした。つまり、創世記は最初の二つの章で、一方で人間を「地を従わせる」存在として、他方では「大地に仕える」存在として述べている。それを文書資料の違いに帰してしまえば、それまでですが、原初史全体としてみますと、そこに人と自然の問題が見据えられているということではないのか。

そこで、そうした問題意識をもって原初史を読みすすめますと、大地の塵から形造られた最初の人間が禁断の木の実を食した直後の神の言葉として、三章17節には「大地はあなたのゆえに呪われるものとなった」と記されています。四章11節には「あなたの手から弟の血を受け取った大地によって、いまや、あなたは呪われる」という言葉がカインに告げられます。この「大地によって」という表現は「大地よりも」あるいは「大地から離されて」と訳すことも可能ですが、いずれにせよ、これがエデンの園にはじまる人間と大地の間の綻びを受けていることは間違いありません。また、アダムの系譜には、ノアという名前の説明として「この者は、ヤハウェが大地を呪われたゆえに〔果たさねばならない〕われらの仕事と手の労苦から〔解き放ち〕、われらを慰めてくれるだろう」という言葉が挿入されます（五29）。さらに、洪水物語の最後には、ノアの献げる全焼の供犠の香りを嗅いだヤハウェの次のような言葉が記されています。「もはやわたしは、人のゆえに大地を呪うことはすまい」（八21）。

ちなみに、この最後の箇所は新共同訳聖書において「人に対して大地を呪うことは二度とすまい」と訳されています。従来の邦訳が「人のゆえに」としていた部分をあえて「人に対して」と訳しているのです。日本語として即座には意味のつかみにくいこの訳文は、わたしの理解が間違っていなければ、大地を荒廃に帰せしめた大洪水は人間に対する神の処罰の手段であった、という理解に立っています。しかし、この理解は二点において正しくないとわたしは考えます。第一に「……に対して」と訳された前置詞句（ヘブライ語でバ・アブール）の意味です。この前置詞句は理由や原因、ときには目的を表し、創世記三章17節の「大地はあなたのゆえに呪われる」の「……のゆえに」がそれです。新共同訳も三章17節では「お前のゆえに」と訳しています。したがって、両者の呼応関係に留意して、ここでも「人のゆえに」と訳すほうが言語的に自然なはずです。第二に、六章5節以下によれば、神が地上に洪水をもたらすことを決意したのは、地上に「人間の悪」がはびこり、人間を造ったことを「後悔した」からでしたが、その際、人間のみならず、あらゆる地上の生き物も大地の面からぬぐい去ろうとした、と記されています。つまり、悪を行う人間を滅ぼす手段として洪水が選ばれたというだけでなく、人間の悪は必然的に地上の生き物を滅ぼさずにはおかない、というのです。そして、物語によれば、それらはいったん洪水によって滅ぼされました。八章21節は、したがって、洪水という地上世界の破局が人間のゆえに大地が呪われた結果であったことを言い表している、と理解すべきではないかと思われます。三章17節と八章21節の呼応関係については、すでに半世紀ほども前に、R・レントルフが印象深く指摘したところです（*Kerygma und Dogma*, 7, 69-78）。

このようにみますと、洪水物語は、前に触れたウェスターマンやV・フリッツといった研究者が理解するように、人間の罪や堕落、はては大洪水という破局によっても神の創造の秩序は決して損なわれることはない、と主張しているのではなさそうです。創造の秩序は人間の罪悪にもかかわらず「維持」されたのではなく、人間の悪ゆえに招来された洪水によって、しかも物語の最終盤においては宇宙的規模で起こる大洪水によって、いったん、破壊されたのです。それが創造の秩序の否定であったことは、空間的には「混沌の海」の破裂や「天の水門」の開放によって、時間的には洪水の継続期間を丸一年とすることによって、象徴的に表現されています。だからこそ、洪水後の契約を神はノアの子孫すなわち洪水後の人類のみならず、地上のあらゆる生き物と交わすことになるのでしょう。九章9節以下にそのことが繰り返し語られ、その永遠の契約は「わたしと地との間の契約」とさえ言われることになります。要するに、原初史において、エデンの園で生じた人間と自然の調和ある関係の破綻は洪水物語において究極的な破局を迎えるのです。

このように大地を覆う洪水は、原初の時代の出来事として物語られていますが、同時にそれは、人間の悪と地上の暴虐とが招来しかねない世界の破局として、同時代に向けた警告を物語るのでもありましょう。じっさい、洪水物語の冒頭に語られる「すべて肉なるものの終わりがわが前に迫った」という神の言葉（六13）は、神ヤハウェによる審判の到来を告げる預言者の言葉を想起させずにはおきません（アモ八2、エゼ七6参照）。また、とくに自然との関わりで申しますと、エレミヤ書の次のような言葉が思い起こされます。

いつまで、この地は嘆き悲しみ、
すべての野の草は枯れたままなのですか。
そこに住む者たちの悪のゆえに、
家畜も鳥も消え去っています。（エレ一二4　岩波版『旧約聖書』一部変更）

まことに、姦淫する者たちで地は満ちている。
呪いゆえに、地は嘆き悲しみ、
荒野に点在する牧場は、枯れ果てる。（エレ二三10　岩波版『旧約聖書』）

またホセア書四章1―3節をみますと、はじめに、「真実」と「慈愛」と「神を知ること」を欠如させたイスラエルの民が告発され、彼らが「呪い」「偽り」「殺人」「窃盗」「姦淫」などをもって社会を荒廃させていると糾弾されますが、それに続いて、そのような人間の悪は生き物の世界にまで破滅をもたらさずにはおかない、という洞察が次のように示されることになります。

それゆえ、地は嘆き悲しみ、
そこに住むものはすべて
野の獣も空の鳥も衰え、
海の魚までも絶え果てる。（ホセ四3）

このように申しますと、古代世界に現代のような自然破壊が起こりえたというのか、という疑問の声が聞こえてきそうですが、そのとおり、じっさいに自然破壊は起こっていたのです。たとえば、オロンテス川流域の沼沢地帯に棲息していたシリア象は象牙細工のために乱獲され、前九世紀末に絶滅しました。前一千年紀前半までシャロン平原の沼沢地に棲息していた河馬も、その牙が珍重されたために、同じ運命をたどりました。旧約聖書にはライオンや熊や駝鳥など、様々な野生動物が登場しますが、もはやかの地にそれらの動物を見ることはできません。古代西アジアの王たちが競うようにして求めた「レバノン杉」の原生林もほぼ消滅しました。預言書には、そうした乱伐による森林資源の枯渇も書き留められています（イザ一四8、三三9、ハバ二17他）。

ホセア書二章20節に、神ヤハウェは終末時に「野の獣、空の鳥、地を這うものと契約を結ぶ」と告げていますが、そこにはこのような情況がふまえられているのですね。そのうえで自然の回復を視野におさめている。洪水物語は、預言書に見るこのような現実の批判的洞察や将来への希望と同一の視座から語られているように、わたしには思われます。とすれば、洪水後に世界の回復を約束し、天地を結ぶ虹をそのしるしとする「永遠の契約」には、そうした人間と自然との関係の破綻をこえて、両者の間に調和の満ちた時代の到来を希《ねが》う旧約聖書の信仰者たちの想いがたたみ込まれているにちがいありません。いうまでもなく、それはイザヤ書一一章に伝えられる平和思想とも連なってゆきます。

4

次に「人と人」との関係に触れてみましょう。まず、創世記二章によれば、地の塵から人間を形造り、これをエデンの園に住まわせた神ヤハウェは「人が一人でいるのはよくない」と考え、「彼に向き合う助け手」として地上の獣と空の鳥を形造ります。人はこれらの生き物すべてに呼びかけて、名前をつけますが、それらのなかに「彼に向き合うような助け手」は見出せなかった。神ヤハウェは、そこで、人を深く眠らせ、その肋骨から女性を造り上げ、人のところに連れてきます。すると人は

　これこそわが骨の骨、わが肉の肉。
　彼女は妻（イッシャー）と呼ばれよう、
　　夫（イーシュ）からとられたのだから、

と言った、と記されています（二23）。そして、物語はこれに次のような説明を加えています。「こういうわけで、男は父母を離れて女と結ばれ、二人は一体となる」（二24、新共同訳）。ご存じの方もいらっしゃると思いますが、岩波版『創世記』において、わたしはこれに「このゆえに、人はその父と母を見棄てて、妻と結び合う。彼らは一つの体となる」という訳を付しました。「見棄てる」と訳したヘブライ語のアーザブ

は、自動詞ではなく、他動詞です。たとえば、十字架上でイエスは詩篇二二篇冒頭の嘆きを引いて、「わが神、わが神、どうしてわたしをお見棄てになるのか」と叫んだと伝えられますが、そこにみられる「見棄てる」と訳されるヘブライ語の動詞が同じアーザブです。この動詞が「父と母」を目的語とする用例は、旧約聖書にもう一例あります。ルツ記二章11節がそれです。現行の邦訳聖書でもそこでは「捨てる」という訳語を充てています。そこでわたしは創世記二章24節にも思い切って「見棄てる」という訳語を充てました。

訳語はともかく、エデンの二人には父母はいなかったのですから、この言葉には明らかに人類の結婚の原理が述べられているとみなければなりません。わたしはその原理として、少なくとも三つのことが言明されていると考えます。第一は、夫と妻の関係が親子のそれにまさるという点です。第二は、物語が社会の基本単位を夫婦にみていることです。そして第三は、妻と夫の関係を一対一として明言していることです。

はじめの二つの点は、核家族化した現代社会では当然視されるかもしれませんが、古代イスラエル社会ではそうではありませんでした。古代イスラエル社会を論じる概説書をみれば分かりますが、古代イスラエル社会の基本は「父の家（ベート・アブ）」

と呼ばれる父系家族社会でした。戦前の日本社会がそうであったように、花嫁は自分の「父の家」から花婿の「父の家」に嫁いだのです。したがって、結婚による新家庭の誕生と「父の家」からの独立とは別の事柄でした。結婚によって花婿がただちに「父の家」から独立することは考えられなかった。ところが、原初史はここで、人はその父と母を見棄てて、妻と結び合うのだ、と明言するのですね。両親からの積極的離脱が結婚と表裏の関係にあるというのですから、ここには古代イスラエル時代の家父長制社会が非本来的なものとして映し出されていることが分かります。

一人の夫と一人の妻という点にも同様のことが見て取ることができましょう。古代イスラエルでは、たとえば十戒にみられるように、姦淫は厳しく禁じられましたが、複数の妻をめとること自体は認められていたのです。アブラハムも、ヤコブも、ダビデも複数の妻を迎えています。民数記一二章1節の「クシュ人の妻」がミデヤン人のツィポラ（出二21）とは別人であったとすれば、モーセにも複数の妻がいたことになります。律法においても、申命記二一章15節以下によれば、複数の妻の存在が前提になっています。それに対して、夫婦を社会の基本単位とみるエデンの園の物語では、それが一夫一妻であることを明言するのです。かつてわたしはこの物語に、王宮にハーレムをかかえたソロモン時代への隠された批判を見て取りましたが、いまではむしろ、原初史は複数の妻をめとること自体を結婚の非本来的な形態とみなしている、と思うようになりました。といいますのも、これ以降においても、原初史はこの点に触れてゆくからです。

四章19節以下では、カインの末裔レメクが二人の妻をめとったことが記されています。さらに、六章冒頭のネフィリーム伝説では「神の子ら」が人の娘たちをみて、選り好むものをすべて妻にめとった、といわれるのです。このネフィリーム伝説は理解に苦しむ奇妙な挿話です。その背後に「天使の結婚」といった神話を想定する研究者も少なくありませんが、わたしはここに登場する「神の子ら」を同じく「神の子」とみなされた王の存在と重ねて（たとえばサム下七14、詩二7参照）、ここにも王宮批判が隠されているであろう、と論じたことがあります。いずれにせよ、確かなことは、この奇妙なネフィリーム伝説が洪水物語の直前に配置され、洪水前夜とでもいうべき位置を得ていることです。言い換えると、この挿話は、元来の伝説がどのようなものであれ、洪水物語の直前におかれることによって、神ヤハウェが地上に洪水をくだす理由を暗示することになります。洪水物語自体はその理由をごく一般的な語彙をもって「人間の悪」もしくは「暴虐」と述べるに留まっています。それゆえ、直前のネフィリーム伝説に語られる「選り好むものをすべて妻にめとった」という行為こそが「人間の悪」もしくは「暴虐」の具体的な事態であったと読まれることになります。人類は、もはや、二人の妻をめとるに留まらなくなったということでもありましょう。

それに対して、洪水物語のはじめに「義《ただ》しく、非の打ちどころがなかった」(六9)といわれるノアの場合はどうでしょうか。物語は彼の義人ぶりを具体的に述べることはありません。確かなことは、彼の妻が一人であったことです。彼の三人の息子も複数の妻をめとってはいません。そのことは七章13節にはっきりと記されています。新共同訳はなぜかここを「この三人の息子の嫁たち」と訳し、意味を曖昧にしてしまいました。これでは「三人の息子」なのか、「三人の嫁」なのか、不明です。しかし、原文ははっきりしています。「三」は「妻たち」の数を示しています。さらに、ここには家父長制を前提にする「嫁」という単語ではなく、「妻」という語が用いられています。その点において新共同訳は口語訳や新改訳をそのまま踏襲すべきであったのです。要するに、物語はここで、ノアの三人の息子もそれぞれ一人の妻と結婚していたことを明確にしています。もっとも、洪水物語はノアの妻の名も、三人の息子セム、ハム、ヤペトの妻の名も記していないので、物語をむやみに理想化すべきではありません。しかし、ノアの三人の息子の「三人の妻」という表現に、エデンの園に示唆されながら、まずはカインの末裔が踏み外し、「神の子ら」が蔑《ないがし》ろにした、一人の夫と一人の妻という結婚の原理が意識されていることは確かであろうと思われます。それが原初史を貫く主たるテーマの一つでありうるのかどうか、確言するに多少の躊躇はありますが、原初史の視座のひとつがここにあることだけは間違いないのではありませんか。

5

最後は原初史における文化・文明の問題です。本来ならば、そもそも文化とは何か、文明とは何か、という大問題からはじめねばなりませんが、ここでは生の安全を確保し、生活をより豊かにしようとする人間の営みというほどの意味で文化・文明という語を用います。そういう意味で、原初史における最初の文化的営みは何であったでしょうか。じつにそれは、禁断の木の実を食べた人間が自分たちの「裸」を知って、無花果《いちじく》の葉をもって「腰を覆うもの」（新共同訳）を作ったこと（三7）に求められましょう。「腰を覆うもの」と訳されたヘブライ語ハゴラーは、通常、将軍が戦において、祭司が儀礼の際に、あるいは女性が飾りとして、身にまとう「腰帯」のことですから、そもそも、無花果の葉などで作れるはずがないのです。したがって、この人類最初の文化的行動は極度に戯画化されています。そこにはすでに人間の文化的行為に対する批判的な視座がみてとれます。

続く四章のカインとアベルの物語には、農耕と牧羊という古代西アジアの二つの基本的生活形態が映し出されています。古代西アジアの都市文明が牧羊ではなく、農耕を経済基盤にしていたことはいうまでもありません。牧羊に比べて農耕のほうがはるかに生産性が高いのです。農耕に従事するカインが牧羊者アベルを殺害するくだりにも、その辺の事情が、つまり農耕民と牧羊民の力関係が反映されているはずです。後にカインが都市を建設したという記述もそこをふまえています。都市文明は農耕を経済基盤として成立したのです。そして四章20－22節は、そのカインの末裔であるレメクの三人の息子に言及し、ヤバルは家畜をもって天幕に住む者の、ユバルは竪琴と笛を奏する者すべての、そしてトバル・カインは青銅と鉄を扱う者の先祖になった、と記しています。

この三人の職業に関して、わたしはながらく誤解をさせられていました。させられていた、というのは、学生のころに読んだいくつかの注解書が、いずれもこれらを非定住民の職業として説明していたからです。家畜をもって天幕に住むヤバルは遊牧民、竪琴と笛を奏するユバルは巡業楽師つまり旅芸人、青銅と鉄を扱うトバル・カインも旅する鋳掛屋である、というわけです。このような理解は、最近の注解書にも引き継がれています。しかし、古代オリエントの文化史を学ぶなかで、わたしはそれが間違いであることに気づかされました。

そもそも青銅と鉄といった金属の生産と加工とは、古代においては国家や権力層による独占事業だったのです。金属を加工する冶金技術に関しては、旧約聖書にも、初期王国時代、イスラエル人の間にその技術がなかったために、金属の道具はペリシテ人のところに出向いて修理してもらっていた、と記されています（サム上一三19以下）。楽器の演奏者も、シュメル時代以来、通常は王宮や神殿に属していました。旧約聖書でも歴代誌などからそれは確認されるところです。アッシリアの資料からは、被征服民の楽師たちが捕囚に連行されたことが分かります。私見では、詩篇一三七篇を残した詩人もおそらくバビロニアに連行された楽師の一人でした。このようにみていくと、ユバルとトバル・カインは、多くの注解書とは逆に、国家体制に組み込まれた職業を代表しているといわねばなりません。

　では、家畜をもって天幕に住むヤバルについてはどうでしょうか。この場合の家畜（ミクネー）は羊・山羊などの小家畜（ツォーン）にかぎられません。ロバやラクダもそこに含まれます。また、ヤバルという名前は「運ぶ人」を意味するとみられます。そうすると、ヤバルはおそらくラクダやロバをあやつって都市間、国家間の物資運搬に携わった隊商をさすのではないかと思われるのです。少なくとも、牧羊者の先祖というのではありません。牧羊者はすでにアベルに始まっています。

　ならば、なぜ、多くの注解書はこれらを遊民的な職業とみたのでしょうか。おそらくそこにはヨーロッパ人のある種の先入見がはたらいていました。第一に、ウェルハウゼン以来、三人の息子の父であるレメクの復讐の歌（四23―24）は妻たちに自分の膂力《りょりょく》を誇るアラブ遊牧民の伝統と対比され、アラブの「血の復讐」の習慣との共通性が指摘されてきたために、ここに遊牧的な背景が看取されたのだと思われます。しかし、復讐がアラブ的特質であるはずもありません。騎士道とか武士道とかが尊ばれる社会においては、復讐や仇討ちはつきものです。また、とくにヨーロッパには旅する楽師や鋳掛屋の伝統があり、ロマ人（いわゆる「ジプシー」）などとの連想もそれに加わったのであろうと推測します。しかし、古代西アジアの文化史という観点からみると、カインの末裔レメクの三人の息子の職業は、逆に、都市の文明社会を背景にしていると考えられるのです。物語自体も、これに先だって、「町」の建設に触れています（四17）。

神話学的にみると、これらレメクの三人の息子たちは文化英雄とみられますが、原初史は彼らにそういう地位を与えているようにはみえません。そもそも、ヤバル、ユバル、トバル・カインという三人の名前が特異です。トバル・カインだけは二重の名ですが、トバルが小アジアの一地域名と重なるので、それとの混同を避けるために「カインの末裔の」という意味でカインを加えたとも、シリア語やアラビア語を根拠にカインは「鍛冶工」を意味するのだ、とも言われます。ちなみに七十人訳ではトベルです。いずれにしても、ヤバル、ユバル、トバルの三つの名前には共通する点があります。バルという音価です。そしてそれは、洪水物語をはさんで、バベルの塔の物語に引き継がれます。すなわち、天にも届く塔のある都市を建てようとした人類の言語を神が乱した（バラル）ので、その町はバベルと呼ばれた、という物語の鍵語となるバラルのバラおよびバベルのベルと響きあうことになります。レメクの三人の息子が都市社会を暗示することは、ここからも確認できましょう。

そこで、バベルの塔の物語に移ります。その間に物語られる洪水物語の箱舟建造やノアが葡萄酒に酩酊する洪水後日譚なども文明・文化という観点から読むことも可能ですが、ここでは省略させていただきましょう。バベルの塔は、周知のように、シュメル時代からメソポタミアの主要都市に建造されたジックラトゥ（ziqqurratu）と呼ばれる階段状の高層神殿を背景にしています。その機能は必ずしも明白ではありませんが、総じて、都市神を祀る神殿でした。バベル（＝バビロン）のジックラトゥに関しては、考古学的資料と文献資料の両方が知られていますが、それがいつごろから存在していたのかは不明です。前二千年紀のハンムラビ王の時代やカッシート時代にバビロンのジックラトゥに言及する文書は知られていません。考古学的にもその時代層まで発掘されてはいません。存在が確認できるのは、前七〇〇年前後のセンナケリブの碑文が最初です。そしてほぼ一世紀後、ネブカドレツァルの父であり、新バビロニア王国を築いたナボポラッサルの時代に新たにジックラトゥが建造され、ネブカドレツァル時代に完成いたしました。ネブカドレツァルはその碑文で「彼が完成させたジックラトゥは頂が天に、基礎が冥界に届く」とまで賞賛しています。じっさい、一九世紀から二〇世紀の変わり目にドイツ隊によって発掘調査されたバビロンの遺跡からは九二メートル四方の石組をもつジックラトゥの基礎部分の遺構が検出されました。その後に発見された粘土板に記されたジックラトゥの見取り図により、その高さも九〇メートルほどあったことが判明しています。そこでどのような祭儀が催されたのかは必ずしも明らかではありません。ヘロドトスの『歴史』(一・一八一―一八二)には、バビロンの塔で、ある種の聖婚儀礼が行われたらしいことが暗示されていますが、楔形文字資料からそれを確認することはできません。いずれにせよ、原初史のバベルの塔の物語は新バビロニア時代のバビロンのジックラトゥを前提にしているはずです(したがって、この物語の成立はこの時期すなわちバビロニア捕囚期であろうと思われます)。

それは、西アジアの覇権を手中におさめ、そのほぼ全域を支配した新バビロニア王国の富と権力を象徴する建造物でもありました。原初史は、しかし、バビロンとそのジックラトゥを視野におさめつつ、人類の都市文明を正面から批判するのです。物語にはこの町と塔を建てるために、石の代わりにれんがを、漆喰の代わりにアスファルトを用いた、と記されていますが、そこには石と漆喰を用いた当時のイスラエルの建築法とれんがと自然のアスファルトによるバビロニアのそれとの対比がみられますし、一つの言語という点には、バビロニアのような当時の世界帝国の政策が反映されています。しかし、原初史はこの物語をとおして、中央集権的に世界を支配しようとするバビロニアの高度の文明を批判的に描き出してみせました。世界を一つにまとめうるかに見える、このような人間の営みは、結局、自らを天に届かせようとする高ぶりにほかならない。それは結果的に、人間同士の意思疎通までも阻害してしまう、というのです。原初史においては、神のように善悪を知る誘惑に始まり、無花果の葉をもって腰帯を作ったエデンの園の二人の文化的営みが、ここにおいて頂点に達し、そして失敗に終わります。では、いったい、その後の人類はいかなる歴史を刻むことになるのか。そうした問いを残しつつ、原初史は物語をイスラエルの父祖の歩みに譲ることになります。

以上、「罪と罰」あるいは「恩恵」という、神学的な観点とはいささか異なる角度から原初史を振り返ってみました。とりたてて結論めいたことはありません。ただ、このような原初史が旧約聖書のはじめにおかれたことのもつ、人類の精神史上の意義については、おぼろげながら、察知していただけたのではないかと存じます。

ご清聴、ありがとうございました。

（日本旧約学会公開講演、北星学園大学、二〇〇六年一一月）

旧約聖書の歴史記述と歴史観

ああ、であれば、どうか、
わが言辞が書き留められ、
鉄の尖筆をもって、
いつまでも岩に刻まれるように。（ヨブ一九23―24）

1　問題提起

旧約聖書を残したイスラエルの民は、ご存知のように、紀元前一二〇〇年頃から、メソポタミアとエジプトという古代オリエント二大文明圏に挟まれた陸橋と呼ばれる狭い地に故地を得ましたが、その存在は、いかなる意味においても、弱小としか言いようのない民族でした。ダビデによる統一王国とか「栄華を極めたソロモン」の時代などといいますが、古代オリエントの歴史から見ると、ダビデについても、ソロモンについても、聖書以外に記録はありません。エジプトやメソポタミアの文字記録にイスラエルもしくはユダが登場する場合は、そのほとんどが、征服された民もしくは朝貢する民として言及されるにすぎません。また、古代イスラエルの遺跡を訪ねてみても、イスラエル時代（考古学的には鉄器時代）の遺跡の規模は、総じて、それ以前のカナン時代（考古学的には青銅器時代）よりも小ぶりです。イスラエルの民は、ピラミッドやジックラトゥのような大規模な建造物を残せなかっただけでなく、その遺跡から出土する遺物もエジプトやメソポタミアから発見されるものとは比較にならないほど貧弱です。物質文化という点で、イスラエルは明らかに古代オリエントの後進国でした。また、古代オリエント文明はすでに紀元前三〇〇〇年ころから急速に発達しますが、古代イスラエルはそのなかでは新参者でした。

ところが、この弱小の民は旧約聖書一巻を残すことにより、後のユダヤ教やキリスト教、さらにイスラム教を介して、バビロニアやアッシリアといった当時の世界帝国も、またエジプトといった大文明国もなしえなかった多大な足跡と影響を人類の精神史に残したのです。旧約聖書こそは彼らが後世に残した最大遺物でした。

では、旧約聖書の特質とは何でしょうか。いうまでもなく、それは眼に見えない唯一の神への信仰です。旧約聖書はその神信仰を抽象的な言葉や哲学的議論によってではなく、多くは歴史における具体的な出来事を語るなかで、表白したのです。とくに旧約聖書のほぼ半分を占める歴史記述をとおして、その信仰が語り出されています。そこで、以下、旧約聖書の歴史記述と歴史観の一端に触れてみたいと思います。

ご存知のように、創世記の天地創造物語を冒頭に掲げる旧約聖書の前半部には、天地創造からイスラエル民族の誕生とその変遷を経てバビロニア捕囚という民族存亡の危機にいたる物語が、ひとつの時間的な経過のなかに収められています。原初の時代があり、アブラハムに始まる父祖たちの時代、出エジプトと荒野の時代、カナン定住後の士師時代を経て王国時代へと移行し、北王国の滅亡そして南王国の滅亡へといたり、最後はバビロニア捕囚期のエピソードをもって、この長大な民族の歴史は締めくくられます。さらに、ヘブライ語の聖書の配列では「諸書」と呼ばれる第三部の最後には、つまり旧約聖書の原典となるヘブライ語聖書の最後には、ふたたび歴史書が配置されています。そのうちのエズラ記とネヘミヤ記は、バビロニア捕囚からの帰還とエルサレムを中心とした教団共同体の再建の模様を描き、ヘブライ語聖書の最終巻となる歴代誌上・下は、主に、ダビデ時代からバビロニア捕囚にいたる王国時代を独自の観点から書き直した歴史書です。なお、現行旧約聖書の配列の大もとになった七十人訳ギリシア語聖書は、これらの三書の配列を変えて列王記に続けることによって、その前半部に歴史書を集中させたのです。

著名な歴史家のH・バターフィールドはこのことに触れて次のように記しています。

いかなる民族も……ユダヤ人以上に歴史に執着した民族はない。古代ユダヤ人が物語の才能をもっていたこと、一種の国民的歴史を作り出した最初の民族であったこと、天地創造以来の人類史を素描した最初の民族であったことは不思議ではない。

バターフィールドは、ユダヤ人は何よりも歴史に執着した民であるから、旧約聖書に歴史記述が残されたことは「不思議ではない」と言ってのけてしまいますが、わたしはむしろ、ユダヤの民が「歴史に執着した」理由やその歴史理解の特色を問うことこそが重要ではないかと考えます。

2　旧約聖書の歴史記述の問題点

　さて、旧約聖書の歴史記述で問題になるのは、なによりもまず、その記述がどこまで実際の出来事に即しているかという点でしょう。この点については、多くの場合、客観的に確かめることができません。たとえば、出エジプトの出来事については、海の奇蹟などは別にしても、もし聖書の記述にあるようなイスラエルの民のエジプト脱出が事実として起こったのだとすると、すでに古代的官僚制を整えていたエジプトの記録に残りそうなものですが、エジプトの記録にイスラエルの民の脱出はいっさい出てきません。多くの研究者は出エジプトをラムセス二世（在位前一二七九―一二一三）の時代に起こったとみますが、その長い治世を含む新王国時代には、彼の後継者メルエンプタハの戦勝碑文に被征服民としてイスラエルという名が見られるにすぎません。あるいは、ヨシュア記の最初に物語られるエリコ攻略をめぐっては、かつて、その崩れた城壁を発見するために幾度か古代エリコの遺跡（テル・エル・スルタン）が発掘調査されました。しかし、結局、この時代（後期青銅器時代）の城壁は発見されませんでした。もちろん、アブラハムに始まる父祖たちの物語の史実性も聖書外資料からは何一つ確認されません。

そうすると、旧約聖書の歴史書のなかでも、王国以前の物語は狭義の歴史記述というよりは歴史物語であるように思われます。じじつ、これらは過去の出来事の報告というよりは、イスラエルの起源を伝える民族伝承であるとみられるのです。ということは、そこにイスラエルの民の自己理解が映し出されているということであり、そしてそのことが重要な意味をもったということでしょう。出エジプトが史実に基づかないとすれば、聖書を学ぶ根拠はどこにあるのか、と思われる方もあるいはいらっしゃいましょう。わたしはそうした方には、次のように申し上げることにしています。たとえば、わたしたちが手にしている出エジプトの物語、それは雪の結晶のようなものである。雪の結晶の核をわたしたちは肉眼で見ることはできません。しかし、その核を中心にしてでき上がった、しかも時間をかけてでき上がった美しい結晶を見ることはできます。それと同様に、出エジプトという史実をわたしたちは確証することはできない。しかし、史実としては確証できないような出来事を核にして、あの壮大な物語が残されたのです。しかも、そこには、イスラエルの民が培った信仰が幾重にも積み重なっています。そして、そこにこの民の信仰の原点が歴史物語というかたちで語り出されています。

われらはエジプトにおける奴隷の民であったが、神はわれらの先祖の叫びを聞き届けられたのである、約束の地へと導かれたのである、というのです。言い換えれば、イスラエルの民の存在根拠はイスラエル自身にはない、ということでしょう。天孫民族であれば、それだけで存在根拠を主張できたのでしょうが、奴隷の民は神の導きによりすがるほかはなかったのです。このように、イスラエルの民は出エジプトを民族の原点としたために、後の律法はすべてその直後にシナイ山で与えられた、と伝えられることにもなりました。創世記の父祖たちの物語も、荒野の彷徨も、カナン定住も、士師時代も、基本的には、これと同質の民族伝承だといってよいでしょう。

では、王国成立後の歴史記述はどう読めるでしょうか。史実と伝承という観点からみると、この点は微妙です。この時代の遺跡からは、少なからず、遺構や遺物が発見されています。最近の古代イスラエル史の専門研究者のなかには、ダビデやソロモンの物語の史実性に懐疑的な人もいますが、全体として、考古学調査による成果は、前一〇〇〇年前後に、イスラエルが国家形成を果たしたことを示しています。しかし、サムエル記から列王記上のはじめの部分までに描かれるサムエルやサウル、ダビデやソロモンの物語の細部については、やはり、その史実性は確認できないといわねばなりません。これを確認する聖書外の資料が発見されていないからです。確かなことは、イスラエルの王国成立を物語るこれらの記事が王国という制度の、そして王たるものの理想と現実とを見事に、しかも複眼的に描き出しているということです。

レンブラント『ダビデ王の手紙を手にしたバトシェバの水浴』（1654）

理想と現実と言いましたが、たとえば、ダビデは王国時代を通して、さらにはその後々まで、理想化された王でした。メシアは「再来のダビデ」とさえ見なされたのです。しかし、バトシェバ事件（サム下一一）にみられるように、あるいは晩年のダビデの哀れな姿にみられるように、その理想の王が罪を犯す人間として、また老醜をさらす人間として描き出されています。バトシェバ事件から始まる一連のダビデ王位継承争いの物語もじつに人間的です。その最後に、バトシェバが耄碌《もうろく》したダビデの寝室に入って息子ソロモンへの王位継承の約束をとりつけるくだりなどは、いったい、誰が伝えたものでしょうか。ソロモンの王位継承を正当とは認めようとしない一派による暴露中傷の記事でしょうか。王位継承の背後にはそのような陰謀があるものだ、という冷めた知識人による戯画でしょうか。あるいは、愛憎の渦巻く人間の営みではあっても、その背後に、見えない神の摂理が働いているということをこのエピソードは示そうとしているのでしょうか。いずれにせよ、これらの物語は、神に選ばれたはずのダビデとその王朝にさえ、人間的な愛憎や策略が渦巻いていることを見事に描き出してみせてくれます。

また、複眼的と申しましたが、たとえば、王国自体が、一方で、神の意思に沿った制度であるという立場と、逆に、それが神の意思に反する制度であるという立場を並存させているという点に、それは明らかです。前者の立場は、すでに士師記の末尾にみられます。士師記は「そのころ、イスラエルには王がなく、それぞれ自分の眼に正しい（とみえる）ことを行っていた」という言葉で終わっています。士師記の一八章以下はイスラエル社会の乱れた様子を描き出していますが、それは民を統率する王が存在しなかったからである、というのです。つまり、それによって王制への移行の必然性が示唆されます。ところが、サムエル記上八章になると、老いた指導者サムエルに王の擁立を迫る民に向かって、サムエルは神ヤハウェの次のような言葉を告げます。

王は……まず、あなたたちの息子を徴用する。……また、あなたたちの娘を徴用し、……また、あなたたちの最上の畑、葡萄畑、オリーブ畑を没収し、家臣に分け与える。……こうしてあなたたちは王の奴隷となる。その日、あなたたちは、自分が選んだ王のゆえに、泣き叫ぶ。……（サム上八10―18）

王制自体が民を王の奴隷にする制度であるというのです。否、これに先だつヤハウェの言葉、「民があなたに言うままに、彼らの声に従うがよい。彼らが退けたのはあなたではない。彼らの上にわたしが王として君臨することを退けているのだ」（サム上八7）によれば、王制は神ヤハウェの主権を否定することにほかならないというのです。いったい王制が神の意思に沿った制度なのか、それとも神の意思に反する制度なのか、読者は戸惑うことになります。しかし、まさにその点に、旧約聖書の歴史記述の特徴、旧約聖書らしさがあるともいえましょう。ある事態を決して一面的に語ることはしないのです。それは、アブラハムの物語についても、モーセの描き方についてもいえることです。

このようにみると、王国成立にまつわる歴史記述もまた、単なる事実の報告であるよりは、王をはじめとしてそこに関わる人間への洞察を随所にちりばめつつ、王国という制度の実態を複眼的に描き出している、ということが理解されましょう。しかも、そこに安易な形では神の介入を語らないという点も見逃してはなりません。

このような王国成立史に対して、それ以後の王国の歴史は、エリヤとエリシャの預言者物語を除くと、歴史記述という術語で一般に理解される内容に近づきます。しかし、逆に、この時代はアッシリアの記録をはじめとして、聖書外資料が豊富になるために、聖書の記録の史実性がより厳密に検討されうることになります。そのひとつは、聖書には記述がないけれども、聖書外資料から確認される出来事がみられることです。たとえば、前八五三年、北イスラエルのアハブ王はハマトやアラム・ダマスコの王たちと反アッシリア連合を組み、戦車二千台と歩兵一万を率いて出兵していることなどがそれです（シャルマネセル三世の碑文）。アッシリアの主都の一つカルフ出土のいわゆる「黒のオベリスク」と呼ばれる石碑には、アッシリア王シャルマネセル三世の前に朝貢する北イスラエルの王イエフの額《ぬか》ずく姿が刻まれていますが、イエフによるこのアッシリア朝貢なども聖書には記されていません。また、聖書の記事が聖書外の資料によって確認される場合もあります。列王記下三章には北イスラエルの王ヨラムがユダの王ヨシャファトと組んでモアブ王メシャを攻撃しますが、最後に勝利したのかどうかは曖昧なままです。しかし、モアブで発見されたメシャの碑文は、モアブ人を長年苦しめてきたイスラエルをメシャ王がモアブの神ケモシュからの命を受けて撃破したことを刻んでいます。あるいはまた、第一回バビロニア捕囚は、バビロニアの年代記から、それが現暦では前五八六年の二月一六日前後であったことが判明します。そのほかの個々の事例まで逐一紹介する余裕はありませんが、イスラエル分裂王国時代の歴史記述はそれ以前の記述とは異なり、全体として、一定程度は検証可能な記述であるといってよいように思われます。

3　「九書」という視点

このように、旧約聖書の歴史記述はその時代により史実としての正確さを異にしますが、それらは一連の出来事として時系列的に見事に整序されています。従来は、ご存知の方もおられるように、五書伝承（創世記から申命記）と申命記的歴史記述（ヨシュア記から列王記下）とは成立史的にも別の作品として考察されてきました。さらに五書伝承は、正確には創世記から民数記までの四書ですが、ヤハウィスト資料、エロヒスト資料、祭司資料などといった個々の資料に分別され、それぞれの思想や成立背景を問う研究が主流を占めていました。また申命記に表明された思想に基づく以降の歴史記述は、ダビデ台頭記やダビデ王位継承史などをはじめとする諸資料を編纂した申命記史家の作品とみなされてきました。しかし、こうした資料の単純な連結によって創世記から列王記下にいたる「九書」（ただし邦訳聖書ではルツ記を除く）が成立したのではないことも、また、明らかです。約束の地を取得せよ、とのヤハウェの命令にはじまる申命記とそれに続く申命記的歴史記述は、「乳と蜜の流れる地」を目指してイスラエルの民のエジプト脱出を前提にしなければ、そもそも物語として成り立ちません。また、土地取得後の民に「契約締結」を促すヨシュアの勧告（ヨシュ二四5以下）、「士師時代」の終焉と王国時代の開始を告げるサムエルの告別の辞（サム上一二6以下）、ダビデ王朝の永続を約束するナタン預言（サム下七5以下）、北イスラエル王国滅亡の理由説明（王下一七7以下）など、民族の歴史の重要な転換点をなす記述をみますと、必ずといってよいほど、出エジプトの「出来事」が回顧されています。

それだけではありません。申命記的歴史記述の発端は、エジプトを脱出した民の目指す約束の地が「あなたたちの父祖アブラハム、イサク、ヤコブに対して、彼らと彼らの子孫に与える、とヤハウェが誓った地」であることを明示します（申一8、六10他）。それによって、民族の歴史が出エジプト以前の父祖たちの時代を引き継いでいることを確認しているのです。「小歴史信仰告白」（申二六5―10）に明言されるように、出エジプトの「出来事」とならんで、それに先だつ父祖たちの時代もまた繰り返し想起されねばならない民族揺籃の時代でした（ヨシュ二四2―4、王上一八31、36、王下一三23他）。それは五書（四書）における父祖たちへの土地授与の約束や「乳と蜜の流れる地」を目指す出エジプトの民の歩みが、すでに、土地取得物語を視野に入れていることを示しています。四書にもまた、民の土地取得のみならず、さらに後のイスラエル王国時代を見据えた言辞が散見します（創一七6、三五11、四九10、民二四17他）。

このように、四書と申命記史書とは相互に浸透し合う形で分かちがたく結ばれているのです。したがって、仮に両者がまずはそれぞれ独立した文書として成立していたとしても、それらは天地創造からバビロニア捕囚にいたる切れ目のない民族の歴史として編纂しなおされたと考えねばなりません。たとえば、北イスラエル王国滅亡の理由を記す列王記下一八章12節は出エジプト記一九章5節を受けています。このような民族の歴史が現在の「九書」として姿をみせるのは、その末尾（王下二五27－30）から推して、バビロニア捕囚というイスラエル民族の存亡の危機の時代でした。では、その民族史すなわち「九書」全体を貫く基本的な歴史の視座はどこにもとめられるのでしょうか。

4　原初史の主題

まず、創世記冒頭の原初史に注目してみます。「九書」は、様々な神話伝承を用いて世界の始まりから人類の起源から人類の拡散へといたる「原初史」を民族史の冒頭に据えましたが、そこには後の歴史で様々に展開する三つの歴史神学的主題が素朴な形で表明されています。そのひとつは「罪と罰」です。天地創造に続く物語はいずれも、人間の犯した行為とそれに対する神の処罰を物語るという点で共通しています。

禁断の木の実を食べたアダムとエバはエデンの園を追われ、弟を殺害したカインはさすらいの身となりました。地上に悪をはびこらせた人類には洪水が下され、塔を天まで届かせようとした人類は言語を乱されて、全地に散らされます。しかし、同時にまた、「罰」を下す神は「罰」を緩和する神でもありました。エデンの園から追放するアダムとエバに「皮衣」を贈り、地上をさまようカインには「彼を見つける者が彼を撃つことのないようにと」ひとつの「しるし」が付けられています。また、洪水による全地の絶滅を決断しながら、「義人」ノアには箱船を建造させ、人類と生き物は絶滅をまぬがれます。これを「罰の緩和」と呼ぶとすると、「罰の緩和」が「罪と罰」と並ぶ原初史のもうひとつの主題です。そして、なによりも、これらの物語に先だって、「産めよ、増えよ、地に満ちよ、地に満ちて、これを従わせよ」（創一28）と、神による人間への祝福が語られます。人間は（そして世界は）、いかにもあれ、神の祝福を受けた存在だというのです。洪水後の新しい時代もまた、これと同じ祝福の言葉をもって始まりました（創九7）。要するに、「罪と罰」「罰の緩和」「神の祝福」、この三つの主題が原初史を貫いています。そして、この三つの主題は続く民族史のなかで、歴史観として、より明確な輪郭を与えられてゆくことになります。

5　申命記史書の歴史観

「罪と罰」が申命記史書の基本的な歴史観のひとつであったことはよく知られています。「罪」は、この場合、申命記に明示される律法を基準とします。民はこの律法を遵守する限り、神ヤハウェの豊かな祝福にあずかりうるけれども、これに背くときには、呪われるというのです。なかでも申命記が厳しく禁じる異教の偶像崇拝はヤハウェの激しい怒りと処罰を招来し、その結果、民は敵の手に渡され、他国に投げ出されるであろうといわれます（申二八―二九章）。イスラエルはヤハウェのみを神として、その律法を遵守すべく、「契約」を結んだ「ヤハウェの民」だからです（申五3）。それゆえ、民の命運はこの「契約」を遵守できるかどうかにかかっている。土地取得後のイスラエルの民の歴史を振り返る申命記史書は、このような視点から、士師たちの時代を次のように総括しました。

彼らは自分たちをエジプトの地から導き出した父祖たちの神ヤハウェを棄てて、

他の神々、周囲の国々の神々に従い、これにひれ伏して、ヤハウェを怒らせた。……ヤハウェの怒りはイスラエルに向かって燃え上がり、彼らを略奪者の手に渡し……、周囲の敵の手に売り渡した（士二12—14）。

王国時代の悲劇もまた同様の「罪」の結果として説明されてゆきます。ソロモンの没後、北の十部族は王国を分裂させて北イスラエルを独立させますが、申命記史書は王国分裂の原因を、「ヤハウェの掟と契約」を破り、異教の神々の崇拝にはしったソロモンの「罪」に見ています（王上一一11）。歴史に働くこのような「罪と罰」の原理は、王国時代、預言者の口を通して告知されることにより、より一層きわだたせられています。後に北王国を樹立させることになるヤロブアムには、ソロモンの罪のゆえに「彼の手から王国を裂いて取り上げ、十の部族をあなたに与える」、と預言者アヒヤからあらかじめ告げられています（王上一一31—33）。その後、北王国では王権簒奪が繰り返されてゆきますが、そこでも同じ文学手法が用いられています（王上一四10、一六2—4他）。その北王国がアッシリアにより滅亡するのは前七二二年のことでした。

こうなったのは、イスラエルの子らが、彼らをエジプトの地から、エジプトの王ファラオの支配のもとから連れ上った彼らの神ヤハウェに対して罪を犯し、他の神々を畏れ敬い、ヤハウェがイスラエルの子らの前から追い払った諸国民の風習とイスラエルの王たちが作り上げた〔風習〕に従って歩んだゆえである（王下一七7—8）。

バビロニアによるユダ王国の滅亡の原因もこれと同様です。とくに王マナセ時代の異教崇拝と民への迫害の「罪」がそうさせたというのです。ここでも、まずは、匿名の預言者の次のような言葉がそれを鮮明に印象づけることになります。

ユダの王マナセはこれらの忌むべきこと、彼以前にいたアモリ人の行ったあらゆること以上の悪（ラーアー）を行い、その偶像によって、ユダにまで罪を犯させたがゆえ、イスラエルの神ヤハウェはこう言われた、「みよ、わたしはエルサレムとユダに災い（ラーアー）をもたらす（中略）。わたしはわが嗣業の残りの者（＝ユダの民）を見棄て、敵の手に渡す。彼らはそのすべての敵の餌食となり、略奪の的となるであろう。なぜなら、彼らの先祖がエジプトを出た日から今日まで、彼らはわが目に悪（とみえること）を行い、わたしを怒らせてきたからである」（王下二一11―15）。

申命記史書は、以上のように、ほぼ一貫して申命記法に基づく「罪と罰」の原理によって民族の挫折の歴史を説明してゆきます。しかし、これを機械的応報原理として歴史に導入したわけではありませんでした。もしそうならば、イスラエルはとうの昔に消滅していたはずだからです。この民が神ヤハウェに対する「罪」を繰り返しながらも、なおその歴史を歩み続けえたということは、その都度、「罰」が緩和されたということです。申命記史書には、そうした「罰の緩和」を動機づける仕方に大きく二つの型がみてとれます。

第一の型は、神ヤハウェの「憐れみ」による「罰」からの救いです。「士師時代」のイスラエルは、前に引用したように、その「罪」ゆえに神ヤハウェの怒りを招き、繰り返し敵の手に渡されるのですが、ヤハウェは苦難に呻く民を「憐れみ」、救助者として士師を立ててこれを救うのです（士二18他）。その民を罰する神は、救いを求める民の叫びを聞き届け、民の「立ち帰り」を受け入れる「憐れみ」の神でした（士三9、15他）。それゆえ、民がヤハウェの「憐れみ」を求めて「立ち帰る」ならば、「他国に投げ出される」民の運命でさえ転換されるというのです。神ヤハウェの「憐れみ」に基づく「立ち帰り」の教説は申命記に明示され（申四25－31、三〇1－4）、申命記史書では、エルサレム神殿を建立してこれを奉献する王ソロモンの祈りのなかで、次のように繰り返されています。

もし、彼らがあなたに向かって罪を犯し――罪を犯さない人間など一人もいないのです――、あなたがお怒りになって彼らを敵の前に引き渡し、人々が彼らを捕囚として遠くあるいは近くの敵の地に捕らえてゆくときに、彼らが捕虜となった地で自らを省み、彼らの囚われの地で立ち帰って、憐れみを求め、「われらは罪を犯し、咎を行い、邪悪となりました」と言い、彼らを捕らえた敵の地で、全身全霊をもってあなたに立ち帰り、あなたが父祖たちに与えた彼らの地と、あなたが選んだこの町と、あなたの名のためにわたしが建てたこの神殿に向かって祈るならば、あなたはあなたの住まいである天で彼らの祈りと願いを聞き届け、彼らの審きを果たしてください（王上八46―49）。

この祈りは、いうまでもなく、これを編纂した申命記史家の祈りでもありました。史家はこれをもって、民の運命を転換する「憐れみの神」ヤハウェへの「立ち帰り」を、「罪」のゆえに故国を失った捕囚の同胞に想起させようとしたのではないでしょうか。そういう意味で、「立ち帰り」は申命記史家の明確なケーリュグマ（＝「使信」、H・W・ウォルフ）のひとつであったことはまちがいありません。

第二の型はヤハウェの「約束」に基づく「罰の緩和」です。すでに触れたように、王国の分裂は異教の神々に仕えたソロモンの「罪」の結果として説明されますが、本来ならば、そうした異教崇拝は在世中のソロモンから王権を失わせるほどに重大な「罪」でした。しかし、王国分裂はソロモンの子レハブアムの時代に起こり、ソロモンの王位はユダ王国に引き継がれてゆきます。「罰」が緩和されたのです。史家はこれを預言者アヒヤに「わたし（＝ヤハウェ）が選んだわが僕ダビデのゆえに」と説明させています（王上一一34）。ダビデは神に選ばれ、王朝の永続を約束された王である（サム下七8―16）。それは「永遠の祝福」（同七29）とも「永遠の契約」（同二三5）とも呼ばれています。「ダビデのゆえに」とは「この約束のゆえに」という意味です。ソロモン以後も、王たちの「罪」にもかかわらず、「ダビデのゆえに」ダビデ王朝は継続したのだ、と史家は繰り返します（王上一五4、王下八19他）。しかし、このユダ王国もついにはバビロニア軍の攻撃にあえなく滅亡しました。史家はこの民族の破局をイスラエルの度重なる罪に対する神の審判（サム上一二25、王下一七19―20）と受けとめ、すでに触れたように、直接の原因をマナセ時代の王とユダの民の「罪」に帰しました。しかし、それと同時に、史書の末尾に捕囚地における王イェホヤキン（ヨヤキン）の名誉回復の記事を付すことによって、「ダビデのゆえに」その王朝の再興の希望が完全に失せたのではないことを読者に暗示したのではないかと思われます。

6　四書の主題と歴史観

四書における「罪と罰」の主題化は、このような申命記史家の場合とは趣を異にします。父祖たちの物語では、「悪徳の町」ソドムとゴモラ滅亡の記事（創一八20―一九29）に「罪と罰」の主題がみられるに過ぎません。預言者たちもしばしば言及する古い伝承を踏まえたこの物語には、アブラハムが甥の住むソドムの審判回避を願って「義人と悪人とを一緒になさるのか」と神ヤハウェに迫る場面に、「罪と罰」をめぐって、神は正しい人にも災いを下すのか、という神義論的問題が興味深く提起されてはいますが、物語自体はアブラハムの生涯に起きた一つの逸話にとどめられています。アブラハム、イサク、ヤコブと三代にわたる父祖の物語の主題は、むしろ、神ヤハウェによる父祖への子孫増加と土地授与の約束です（創一三15―16、二六3―4、二八13―14他）。父祖の物語で繰り返されるこの約束は、原初史における人間への祝福（「産めよ、増えよ、地に満ちよ、地に満ちて、これを従わせよ」）の特殊な形とみることができます。そしてそれは「契約」として定式化されています（創一五18、一七13「永遠の契約」）。父祖たちは、人間的な醜さや弱さをひきずりながらも、この祝福の約束に支えられて潜在的な生存の危機を生き抜く牧羊者として描かれるのです。民族史内部では、子孫増加の約束はエジプトで「おびただしく数を増した」ことによって、また土地授与の約束はヨシュアのもとでカナンの土地を取得することによって実現することになります（出一7、ヨシュ二一43他）。しかし、これらの約束はそこで成就し、完結したわけではありませんでした。父祖たちへの約束は、申命記四章31節やレビ記二六章42節で明言されるように、「立ち帰る」捕囚の民のために保持され続ける「永遠の契約」でした。

エジプトからの解放の物語においても、エジプトに下される災厄を別にすれば、ことさら「罪と罰」が主題化されることはありません。エジプトにおける奴隷の苦難は、数を増すこの民をおそれたエジプト王の一方的な仕打ちであって、民の「罪」の結果とはみられていません。また、神がモーセを遣わしてこの民を奴隷から解放するのは、その救いを求める叫びを聞いて、父祖たちへの「契約を想起した」からです（出二23－24他）。モーセの召命記事に繰り返される「あなた（がた）の父祖の神、アブラハムの神、イサクの神、ヤコブの神」（出三6、15、16他）という表現にも同様のことが含意されているでしょう。つまり、かの「海の奇蹟」で最高潮に達する出エジプトの物語は、マルティン・ノートが明らかにしたように、伝承としては民族の最古の共有財に遡るとしても、今日に残る民族史においては、父祖たちに与えられた「約束と実現」という枠組みの中にしっかりと位置づけられています。父祖たちへの約束と同じく、この物語がバビロニア捕囚民の間で捕囚からの解放と重ね合わせられたであろうことは、捕囚帰還を「第二の出エジプト」として描く捕囚期の預言からも明らかです

（イザ四三16―20他）。

それに対して、出エジプト後の荒野の時代は、一方では、モーセを通して律法が授けられ、「ヤハウェの民」として歩み始めるイスラエルの原点でしたが、他方では、不平と反抗を重ねる民に繰り返し「罰」として災厄が下されるという意味で、後のイスラエルが繰り返す「罪と罰」の歴史の縮図として描き出されているようにみえます（出三二章、民一一章以下）。その際、「罰の緩和」は、主として、罪の赦しや救いを願うモーセのとりなしの祈りによります。しかし、度重なるモーセのとりなしにもかかわらず、不満と反抗を重ね続けた出エジプトの民の第一世代は、四〇年にわたる荒野の生活を強いられ、モーセの後継者ヨシュアとカレブを除いて、すべて荒野で死に絶えることになります（民三二10―13他）。ヨシュアの指揮のもと、約束の地に入り、あらためて「契約」を結ぶのは次世代の者たちでした（ヨシュ五6―7、二四25）。このように、荒野における民の不平と反抗の物語が「罪と罰」および「罰の緩和」という視点からまとめられたのは、バビロニア捕囚期であったと思われます。その時代、第二イザヤに先だち、預言者エゼキエルが捕囚からの解放を「第二の出エジプト」として預言しましたが、その際、荒野の反抗を同胞への強い警告としてこれに加えました

（エゼ二〇33—38）。荒野における先祖たちの反抗のなかに亡国と捕囚の境涯を自らに招いた民の「罪」の原型をみたのです（エゼ二〇7—29）。

7　「九書」の歴史神学

このようにみると、「九書」の長大なイスラエル民族史は、全体として、冒頭の原初史に提示された「神の祝福」「罪と罰」「罰の緩和」という三つの主題を様々に変奏させながら、各時代をまとめあげた神学的な「歴史」であることが分かります。各時代は、確かに、古代オリエントの年代記や王名表にならって年数が導入されていますが、その主眼は、年数によって計測される直線的な時間のなかに民族史を形成する各時代を定位することでも、太古の起源から現在へといたる直線的な時の経過のなかで各時代を俯瞰することでもありませんでした。それは、むしろ、年数以上に明確な仕方で各時代を区分し、各時代がそれぞれの仕方で神と切り結ばれていることを示そうとしています。すなわち、系図を用いる原初史を別にすると、時代区分にはほぼ共通して指導的人物の死とそれに先だつ「告別の辞」が用いられます。ヤコブ、モーセ、ヨシュア、サムエル、ダビデがそうした人物です。そして、神と結ばれる「契約」によって各時代の神との関係を特徴づけるのです。

原初史では、洪水後、神は人間と自然との間に「永遠の契約」を立て、自然秩序の存続を保証します（創九9―16）。父祖たちの時代には、子孫増加と土地授与の約束を主な内容とする「契約」がアブラハムとの間で結ばれます（創一五18、一七1―14）。アブラハム契約です。出エジプトの民がシナイ山でヤハウェと結ぶ「契約」は、「ヤハウェの民」による律法遵守を要件とし（出二四3―8、三四10―27）、さらに、モアブの地でもうひとつの「契約」が結ばれることになりますが、それは「契約違反」に対するヤハウェの「怒り」と「呪い」をより鮮明に打ち出すためでした（申二八69）。土地取得後に結ばれる「シケム契約」は、ヤハウェのみの崇拝を民に誓わせます（ヨシュ二四5―27）。それは申命記を踏まえた「シナイ契約」の反復といえますし、後のヨシヤ王時代の「契約締結」（王下二三3）に連なってゆきます。「士師時代」だけは「契約」を破った民にヤハウェの怒りが下された時代とみなされ（士二20）、「契約締結」の記事はありません。王国時代になると、預言者ナタンを通して、ダビデ王朝永続の約束が与えられます（サム下七5―16）。ここに「契約」という術語は用いられませんが、ダビデ自身これを「永遠の契約」と呼び（サム下二三5）、詩篇八九篇4－5節などに引き継がれています。さらに、ダビデおよびヨヤダの即位の記事には、神ヤハウェの前で結ばれる王と民との「契約」に基づく王権観念が顔を覗かせます（サム下五3、王下一一17）。

このように、各時代は「契約」によって神と切り結ばれるのであり、その点においても、四書と申命記的史書とは連続しているといってよいように思われます。しかも、申命記によれば、それらは過ぎ去った一回的な出来事ではないのです。

> われらの神ヤハウェはホレブ（＝シナイ）でわれらと契約を結んだ。ヤハウェがこの契約を結んだのは、われらの先祖たちとではなく、われら、今日ここにいるわれら、今日のわれらのすべてとである（申五2－3）。

> あなたたちは、今日、すべてあなたたちの神ヤハウェの前に立っている。（中略）あなたの神ヤハウェが、今日、あなたと結ばれたあなたの神ヤハウェの契約とその誓約にあなたが入るため、彼があなたを彼の民として立たせ、彼があなた

の神となるためである。それは、彼があなたに語り、あなたの父祖たち、アブラハム、イサク、ヤコブに誓ったとおりである（申二九9―12）。

この二つの記事によると、「契約」の締結は「今日」行われます。物語の時間の上では出エジプトの民の「今日」ですが、それが読み手の現在と重ねられていることはいうまでもありません。こうして、それぞれ「契約」に基礎づけられた各時代は長い時間の経過をとびこえて、読み手の現在と重ねられることになります。現在からみた時間の隔たりの長短に関わりなく、過去が現在に侵入するのです。子孫増加と土地授与の約束に支えられて潜在的な生存の危機を生きる父祖たちの時代が、苦難のなかで神ヤハウェに救いを叫び求めるエジプトの奴隷時代が、「エジプトの肉鍋」を懐かしんでモーセに反抗する荒野時代が、ヤハウェのみに仕えると誓いながら、異教の神々に惹かれて敵の手に渡される「士師時代」が、ダビデ王朝永続の約束と王たちの「罪」のはざまで揺れた王国時代が、それぞれの仕方で捕囚の民の現在と切り結ばれるのです。

こうして、民族の過去の各時代が現在の「出来事」となる。これを「歴史の現在化」と呼ぶとすれば、「九書」としてまとめられた民族史の主眼はまさにこの「歴史の現在化」にあったように思われます。そして、そこから「ヤハウェへの立ち帰り」をはじめとする数々の歴史の使信が立ちあがってくることになります。その使信は預言者のそれと重なることになるはずですが、ここでは、その点に触れる余裕はありません。

最後に、はじめに述べた、ユダヤの民が「歴史に執着した」理由に簡単に触れてみます。バターフィールドが指摘したように、天地創造から始まる壮大な民族史は古代オリエントにもギリシアにも例を見ません。これがまとめられたのは、すでに述べたように、バビロニア捕囚期でした。コヘレト書に「幸いの日には幸いであれ、災いの日には見つめよ」（七14）とありますが、祖国を失い、民族消滅の危機に瀕した捕囚の時代、この捕囚の民は来し方を見つめたのです。過去の資料をひもとき、過去の伝承を振り返り、現在の苦難の理由とその意味を探りました。そこから未来の希望を紡ぎ出そうとしたのです。そして、それを未来を担う世代に託するために九書からなる民族史としてまとめあげたのでした。その精神性は、意外にも、神にこらしめられたと感じざるを得なかったヨブが、せめてその呻きを消されることのない文字として刻みつけてほしいと願う箇所（ヨブ一九23―24）に通ずるものがありましょう。それは、苦難の中で自らを見つめ直すということであり、それを文字に刻んでしっかりと後代に伝えようとする精神です。そのような精神を支えたものが、目には見えなくとも、ヨブでいえば一人の人間の生涯を支配し、「九書」でいえば民の歴史を支配する唯一の神への信仰であったことはいうまでもありません。

このたび完成をみた今井館資料館が、無教会の、というより日本のキリスト教の、いや近代日本の、これまでの歩みを振り返り、現在を理解し、そこから将来への希望を紡ぎ出す一つの拠点となることを祈りつつ、拙い講演を締めくくらせていただきます。

（今井館資料館、開館記念特別講演、二〇〇四年五月）

人はひとりではない——旧約聖書にみる愛の倫理

1

ご紹介いただきました経堂聖書会の月本昭男です。無教会全国集会の聖日礼拝における聖書講話はわたしには任が重すぎますが、大学生時代から無教会に連ならせていただき、多くの支えとお恵みをいただいてまいりましたので、そのことへの感謝を込めて、拙い講話をさせていただくことにいたしました。今しがた、桝本華子先生の指揮によって、山形・独立学園の卒業生のみなさんによる讃美の合唱を感銘をもって聴かせていただきましたが、それに比べますと、わたしの聖書講話は本日の聖日礼拝の付け足しのようなものです。

講話の題は「人はひとりではない——旧約聖書にみる愛の倫理」といたしました。お気づきのように、「人はひとりではない」という題は、創世記冒頭のエデンの園の物語に神の言葉として伝えられる「人がひとりでいるのはよくない」を念頭においています。最初の人を大地の塵をもって造ったとき、神はこのように言って、「彼に合う助け手」として地上の獣と空の鳥を造ったと記されています。「彼に合う」とは、原語のニュアンスを生かすならば、「彼に向き合う存在として」という意味です。そこで、最初の人アダムはこれらの生き物それぞれに呼びかけて、名前をつけますが、それらのなかに「彼に向き合うような助け手」は見出せなかった。応答がなかったのです。そこで神は、人を深く眠らせ、その肋骨から女性を造り上げ、人のところに連れてきました。すると人は

これこそわが骨の骨、わが肉の肉
彼女は妻（イッシャー）と呼ばれよう、
夫（イーシュ）からとられたのだから、

と言った、と記されています。「わが骨の骨、わが肉の肉」とは最も近しい存在という意味のヘブライ語表現です。こうして、人類最初の夫妻が誕生しますが、それは「人がひとりでいるのはよくない」という神の判断から始まりました。

この神の発言には、物語を伝えた信仰者たちの人間観が深くたたみ込まれている、と思います。ギリシア人ならば、人間は社会的存在である、と言ったでしょうか。哲学者ならば、人は他者との関係性において人は人となる、と表現するかもしれません。聖書はそれを「人がひとりでいるのはよくない」と、だれにも分かる言葉で具体的に表現しました。この言葉は、人をひとりにはしない、という、ヨハネ福音書のイエスの言葉（一四18「わたしはあなたがたを孤児とはしない」）にも似た、神の約束として読むことができましょう。あるいはまた、人をひとりにはしてはならない、という神の命令としてこれを受けとめることもできましょう。本日の講話の結論をはじめに申しますならば、旧約聖書における「愛の倫理」はここに表明された神の意思に基づいている、ということです。以下、その点を具体的に申し上げてみたいと思います。

2

「愛」については、これまで多くの人によって論じられてきました。わたしはそれらを手際よくまとめてご紹介できる能力をもちませんが、キリスト教世界においては、以前から、聖書の「愛」（アガペー）はギリシア的な「愛」（エロース）とは根源的に異なる、と指摘されてきました。ギリシア的なエロースの「愛」が崇高な美や完全さを求める上昇的な「憧れ」であるのに対して、神の「愛」に基礎づけられる聖書のアガペーは、むしろ、無価値なものに心を向ける下降的な特質をもつ、といわれます。学生時分に印象深く読んだ神学者北森嘉蔵《きたもりかぞう》の書物が思い起こされます（『愛における自由の問題』、東海大学出版会、一九六六年）。彼はギリシア的なエロースとキリスト教のアガペーを対比させつつ、およそ次のように論じていました。ギリシア的なエロースはあくまでも価値に対する愛であり、愛する対象のもつ価値によって触発される心の働きである。そのために、はじめから対象の価値にとらわれている。その限りで、他発的であらざるをえず、それは自由な愛とはいいえない。それに対して、無価値なものに向かうアガペーは、対象の価値にとらわれることのない、愛する側の自発的な決断による自由な愛である。

学生のころのわたしは、このような議論にある説得力を感じとっていました。しかし、家庭が与えられてからは、むしろ、価値への不自由な愛と無価値なるものへの自由な愛とを対立させて論じることには、さほど魅力を感じなくなりました。「愛する」ということは、むしろ、価値のないと思われているところに価値を見出すことではないか。愛は、無価値とみえるところにかけがえのなさを発見し、そこに新たに価値を創造してゆく「働き」ではないか。そう思うようになりました。

3

こうした「愛」は、具体的には、なによりもまず男女間の異性愛として発露します。旧約聖書の原典において、一般に「愛する」はアーハブ、「愛」はアハバーというヘブライ語で言い表されますが、これらの単語も、まずは男女間の愛を指しています。イサクはリベカを「愛した」（創二四67）、ヤコブはラケルを「愛した」（創二九18）、などといわれる場合がそれです。男女間では、ラケルに対するヤコブがそうであったように、しばしば相手の人間的魅力が情愛感情を呼び覚ますことになります。しかし、その情愛感情自体はじつに移ろいやすいことを、わたしたちは知っています。旧約聖書でも、アムノンとタマルの物語は、アムノンの移ろいやすい情愛（サム下一三15）がダビデの王位継承をめぐる長い悲劇的抗争の発端となったことを教えています。

一時的な情愛を「愛」として継続させるために意志の力が必要であることはいうまでもありません。また、同労者として手を相たずさえる共有の経験も積んでゆかねばならないでしょう。実際、男女の愛は互いを同労者として認め合い、共有経験を積み重ねてゆく家庭を築くことへと向かわせます。もちろん、様々な理由で結婚を許されない場合もありますし、パウロがそうであったように、またカトリックの聖職者にみられるように、自ら独身の道を選び取って、神と人とに仕える生き方をされる方々もおられますが、全体としては、旧約聖書が結婚によって築かれる家庭に社会の基本単位をみていることはまちがいありません。

ところが、旧約聖書をみますと、その点についてある疑問に突き当たります。というのも、アブラハム、ヤコブ、ダビデといった旧約聖書の代表的な人物たちは、いずれも、複数の妻をめとっているからです。民数記一二章1節の「クシュ人の妻」がミデヤン人の妻ツィッポラのことでないとすれば、モーセでさえも複数の妻をめとっていたことになります。わたしは本日の講話に「旧約聖書にみる愛の倫理」という副題をつけましたが、その「愛の倫理」が結婚というかたちで結晶する男女の愛から始まるとすると、旧約聖書のそれは倫理的であったのかどうか、考えさせられてしまいます。しかも、財産相続の仕方を定める申命記二一章15節以下は「ある人に二人の妻があり」と始まります。ここでは、一夫多妻といわないまでも、少なくとも二人の妻の存在がごく当たり前の事実として前提にされているのです。

家父長制を基本とし、家督を相続する嗣子をもうけることが至上視された古代イスラエルはそういう社会でした。それゆえ、子を授からなかったアブラハムの妻サラは自らの仕え女ハガルを、「妻（イッシャー）として」夫に与えています（創一六3。新共同訳「側女」は不適切）。同様に、ラケルとレアそれぞれの仕え女ビルハとジルパはヤコブに「妻として」与えられました（創三〇4、9）。旧約聖書の時代、複数でもありえた妻のほかにも、「側妻」と訳せる存在が認められていました。この「側妻」はイッシャー「正妻」とは区別されて、ヘブライ語でピレゲシュと呼ばれますが、その法的地位は正妻よりも低いということ以外、詳しいことは分かっていません。

旧約聖書における男女間の「愛の倫理」は、このようにみると、もはや今日には通用しないということでしょうか。そうかもしれません。しかし、創世記の翻訳と取り組むなかで、わたしはある発見をしました。それは、創世記の冒頭にみられる太古の物語を綴った原初史が、夫と妻のあるべき姿を、おそらく自覚的に、一対一の夫妻として描き出している、ということです。

創世記一章の天地創造物語において、神は人間を「男と女」に創造したと明記されますが、二章のエデンの園の物語では、一人の夫と一人の妻との結婚の原理が語られています。最初の人間はその肋骨から造られた女性を前にして、「これこそわが骨の骨、わが肉の肉」と言いますが、物語はそれに続いて次のように結婚の原理を説明しています。「こういうわけで、男は父母を離れて女と結ばれ、二人は一体となる」（創二24）。わたしはこれを岩波書店版『創世記』において、原語のニュアンスを訳文に反映させ、「このゆえに、人はその父と母とを見棄てて、妻と結び合う。彼らは一つの体となる」と訳しました。「父と母を見棄てて」といささか過激に訳したのは、用いられている動詞アーザブが、たとえば次のような箇所で「見棄てる」という訳語が充てられる動詞だからです。

どうか、わたしたちを見棄てないでください。（民一〇31）
レビ人を見棄てることのないように注意しなさい。（申一二19）
わが神、わが神、なにゆえ、わたしをお見棄てになられたのですか。（詩二二2）
まことに父と母はわたしを見棄てた。（詩二七10）
彼女は、青春時代の伴侶を見棄てる者。（箴二17）

また、ルツ記二章11節では、ルツに向かってボアズが「あなたはあなたの父と母とあなたの故郷を見棄てて」と語っていますが、ここにも同じ動詞が用いられます。もちろん、ここでも「あなたの父と母またあなたの故郷を離れて」と訳すこともできます。しかし、「見棄てて」と訳したほうが物語の陰影がくっきりすることはいうまでもありませんし、新共同訳でもここには「捨てる」という訳語を用いています。

創世記二章24節の翻訳において、「父母を離れて」と「父と母を見棄てて」のどちらがよいか、という翻訳技術上の問題にはこれ以上は立ち入りませんが、いずれにせよ、この節が言わんとすることは明らかです。夫と妻の関係が親子の関係にまさる、というのです。このような見方は、社会が核家族化しつつある今日でこそ、あまり違和感はないかもしれません。しかし、さきほど述べました古代イスラエルの家父長制社会すなわち家父長に絶対的権限を認める家産制社会を背景にして読んでみると、この主張の大胆さが理解されましょう。

ところが、すでにエデンの園において、禁じられた「善悪を知る木」の実を食べることにより、このようにして結ばれた最初の夫婦関係にある種の破綻が生じ始めます。神の追及にあって、夫は妻に、妻は蛇にと、責任を他に転嫁するのです。「善悪を知る木」の実を食べて神の命令を破った責任が、蛇の誘惑に陥った妻にあるのか、それとも誘惑されている妻の傍らにいながら沈黙していた夫にあるのか、という問題はここでは措いておきましょう。しかし、翻訳の問題で、もう一点だけ、指摘させていただかねばなりません。それは、神が妻に告げる言葉、三章16節です。新共同訳はこれを次のように訳しました。

神は女に向かって言われた。

「お前のはらみの苦しみを大きなものにする。
お前は、苦しんで子を産む。
お前は男を求め
彼はお前を支配する。」

まず、「はらみの苦しみ」という表現がよくありません。結婚して、おなかに子を宿した女性が「わたしははらみました」などと言うでしょうか。その夫が同僚に「妻がはらんだ」と言うでしょうか。ともあれ、「はらみの苦しみ」と訳された部分の原文は「あなたの労苦とあなたの身ごもり」です。それが二詞一意すなわち二語で一つの概念を表すと理解され、古くから、「生みの苦しみ」と理解されてきました。しかし、これを詳細に再検討した女性研究者キャロル・メイヤーズは、そうした用法が旧約聖書にも古代ユダヤ文献にも存在しないことから、これを「労働の苦しみと身ごもり」と訳すべきことを提案し、古代イスラエルにおいて既婚女性に子どもが授かることとは喜びであった、と指摘しています（キャロル・メイヤーズ『イヴの発見』、オクスフォード大学出版局、一九八九年）。岩波書店版の創世記の翻訳はそれをふまえました。

もっとも、すでに関根正雄先生もこれを二詞一意とせずに「苦痛と欲求」と訳されていました。しかし、残念なことは、先生が「欲求（へーローン）」の注に「性的欲求の意味」と記されていることです（関根訳『旧約聖書』、教文館版）。わたしは先生がその根拠とされた論文やヘブライ語辞典を子細に検討してみましたが、その根拠はきわめて薄弱なものでした（詳しくは拙論「旧約聖書の日本語」、鈴木範久監修『聖書と日本人』大明堂、二〇〇〇年、三三一―三四頁の注一五）。なによりも、「善悪の木」の実を食べた罰として、神が女性の「性的欲求」を大いに増す、と言われたかどうか、という点は疑問の余地なしとしません（人間社会の性犯罪のほとんどが男性の性的欲求によるではありませんか）。

それ以上に問題であると思われるのは、新共同訳聖書の「お前は男を求め」という訳文です。これでは、蛇に誘惑された女性は、男なら誰であろうとかまわず、その後を追いかけるようになる、と神から言われているように響きます。原文は不特定の「男」ではありません。「あなたの夫」です。

いささか、細かなことにこだわり過ぎたかもしれません。申し上げたかったことは、エデンの園の物語で人間社会の最も基本的な単位として位置づけられた一対一の夫と妻の関係に、神の命令に背き、知恵を手にすることによって、歪みが生じることになった、という点です。そして、エデンの園を追放された後、カインの末裔として己の膂力《りょりょく》を誇ったレメクは二人の妻をめとるのです（創四19）。また、洪水前夜、「神の子ら」は自分たちの「選り好むものをすべて妻にめとった」（創六2）と記されます。原初史がいささか唐突にここに登場させる「神の子ら」には、王を頂点とする当時の権力者像が重ね合わされている、とわたしはみておりますが、仮にこの逸話がもはや確認しえない古い神話的素材を用いているとしても、原初史は「選り好むものをすべて妻にめと」るような情況を洪水の原因となる人間の「悪」と重ねていることは明らかです。

そのことをより明確にするためでしょうか、箱舟をもって洪水後の世界を準備することになる「義人」ノアの家族が一夫一妻であったことを物語ははっきり言明しています。創世記七章13節がそれです。そこには「ノアとノアの息子セム、ハム、ヤペト、そしてノアの妻と息子たちの三人の妻は箱舟に入った」と記されます（創七13）。ノアの妻に単数形が用いられるだけでなく、三人の息子の妻が三人であったことを強調するのです。新共同訳だけが不注意にもこれを「三人の息子の嫁たち」と訳して、その点をあいまいにしてしまいましたが、そのほかの邦訳聖書に明らかなように、原文の「三」という数字は「妻たち」の数を明確にするために付されています。しかも、「義人」とみなされた洪水前のノアについて、本文から具体的にわかることは、その家族が複数の妻をもたなかった、という一点です。このようにみると、アブラハムが登場する以前の時代を物語る原初史が、人間社会の基本単位である夫と妻の関係をどのように描いているか、明らかではありませんか。

4

さきほど、夫と妻の関係が親子の関係にまさる、と申しましたが、「愛する」という動詞が用いられるのは、もちろん、男女関係だけではありません。親子関係にも用いられます。イサクはアブラハムの「愛するひとり子」（創二二2）でしたし、イサクはエサウを「愛し」、リベカはヤコブを「愛した」とも記されています（創二五28）。箴言には、息子を「愛する」父親は子を懲らしめるものだ、という教えもみられます（箴三12、一三24）。しかし、総じて旧約聖書は子どもの教育に失敗した事例を示しています。創世記には、カインとアベル、ヤコブとエサウの場合をはじめとする兄弟間の確執をとどめえなかった親の姿があります。後になりますと、後継者問題で宮廷内を混乱させたダビデも子育てに失敗した、といわざるをえません。

信仰者であれば、授かった子どもが神と人とに愛され、また神と人を愛するように育つことを希いますが、子どもたちが必ずしもそのように育ってくれるとは限りません。社会的に立派な親をもつ子どもが道をはずれてしまう事例が少なくないのは、子どもが親の陰の部分を生かされてしまうからだ、という心理学者の説明（河合隼雄『影の現象学』、講談社学術文庫）を読んだことがありますが、分からないでもありません。いずれにせよ、ある時点で、親は子離れを、子は親離れをしなければなりません。その点を象徴的に示すのがサムエルの物語でしょうか。切実な想いで神に祈り、子を授かった母ハンナは、その子が乳離れするや、誓いに基づき、大胆にもその愛《いと》し子を祭司エリのもとに預けてしまいます。しかし、そのようにして育てられ、成長してイスラエルの指導者になったサムエル自身は、おそらく、子離れできなかったのでしょう。年老いてから、息子二人をその資格も人となりも吟味せずに、自分の後継者に任命して、失敗しています（サム上八1―3）。

このように旧約聖書は、親子の間の愛情に関しては、むしろ、ある種の反面教師的な人物のほうをより多く提示しているかにみえます。しかし、その一方で、旧約聖書は、親から子へとしっかりと伝えなければならない重要なことを伝えています。過越《すぎこし》の祭の意味がそれです。ご存知のように、イスラエルの民には、エジプト脱出に先だって、後に行うべき過越の祭の定めが詳しく語られるのですが、そのなかで次のように言われています。すなわち、子どもがその儀式の意味を尋ねるときには、それは神ヤハウェがイスラエルの民を救い出されたことの記念である、と子どもに伝えなければならないというのです。出エジプトという、イスラエル民族の歴史の起点を心に刻みつけ、これを後の世代にしっかりと伝えよ、と命じるのです。物語はこのことをじつに三回も繰り返しています（出一二26、一三8、14）。また、モーセの十戒の第五戒は「あなたの父と母を重んぜよ」と命じていますが、その背後に親子間のこうした歴史の継承が横たわることは、「わたしはヤハウェ、あなたをエジプトから導き出したあなたの神である」という十戒の前文からも明らかでしょう。

こうした箇所に触れるとき、翻って、では、いったい、今日のわたしたちがキリスト者として子どもたちの世代にしっかりと伝えなければならない歴史の起点とは何であるのか、と思わされることになります。ユダヤの民は民族の歴史の起点と信仰の原点を三〇〇〇年にもわたって伝えてきたのに、日本では、一世紀も経たないうちに、新たな戦後の歴史の原点を忘れ去ろうとしているかのようです。

5

さて、旧約聖書における「愛」を考えるとき、隣人愛にも触れないわけにはゆきません。イエス自身が律法のなかで最も大切な掟として、「心を尽くし、精神を尽くし、思いを尽くし、力を尽くして、あなたの神である主を愛する」こと、同じく「隣人を自分のように愛する」ことをあげました（マタイ二二34以下、マルコ一二28以下）。前者は申命記六章5節、後者はレビ記一九章18節の引用です。マタイ福音書一九章19節においては、この隣人愛の掟が十戒と並べられています。また、山上の教えでイエスは「あなたがたも聞いているとおり、『隣人を愛し、敵を憎め』と命じられているが」（マタ五43以下）と言って、愛敵の教えを語りましたが、それは、当時のユダヤ人の間で隣人愛が同胞愛として理解され、戦中の日本人に植え付けられた「愛国心」がそうであったように、同胞愛が敵に対する憎悪に裏打ちされていたことを示しています。では、旧約聖書の隣人愛もまた敵への憎悪に裏打ちされた同胞愛であったのでしょうか。

じつは、旧約聖書に「敵を憎め」といった表現はみられません。また、当時のユダヤ教文献にもみられないといいます。唯一、死海写本を残したいわゆるクムラン教団の教団文書（『教団規則』一9―11）のなかに「光の子らを愛し、闇の子らを憎む」ことが伝えられているにすぎません。ですから、「「隣人を愛し、敵を憎め」と命じられている」というイエスの発言の「敵を憎め」という部分が何を典拠としているのか、という点は、いまのところ、分かっていないようです。

たしかに「隣人」と訳されるヘブライ語ハ・レア（ハは冠詞）は、「友人」や「同胞」をも意味する単語ですから、旧約聖書の隣人愛は同胞愛と理解できなくもありません。しかし、レビ記一九章には「自分のように愛せよ」と命じる箇所がもうひとつあります。34節がそれです。そこでは「あなたたちのもとにいる寄留者を自分のように愛しなさい」と命じられています。申命記一〇章19節もまた「寄留者を愛しなさい」と命じます。古代イスラエルにおいて、土地や財産をもたないよそ者である「寄

ミレー『落穂拾い』（1857）

留者」は、「孤児」と「寡婦」とならぶ社会的弱者の代名詞でもありました。たとえば、いわゆる落穂拾いの定めには、落穂を拾う権利が「寄留者」と「孤児」と「寡婦」に認められました（申二四19—21）。出エジプト記二二章20—26節には、禁止文のかたちで、「寄留者を虐げ」たり、「寡婦や孤児を抑圧してはならない」と命じられています。

　このようにみますと、旧約聖書は隣人愛の掟をもって社会的弱者保護の律法全体を要約しているのではないか、と思わされます。

　では、イスラエルの神がその民にそうした隣人愛を命ずる理由はどこにあったでしょうか。その答えは聖書本文に明記されています。レビ記一九章18節には、「隣人を自分のように愛しなさい」に続けて「わたしはヤハウェである」と付記されています。「寄留者を自分のように愛しなさい」と命ずる34節には「あなたがた自身がエジプトの地で寄留者であったからである。わたしはヤハウェ、あなたがたの神である」と付記されます。「寄留者」を愛せよと命じる申命記一〇章19節にも、その保護を定める出エジプト記二二章20節にも「あなたがた自身がエジプトの地で寄留者であったからである」と理由づけられています。落穂拾いの規定の場合もこれと同様です（レビ二三22、申二四22）。要するに、隣人愛の具体的実践として命じられる社会的弱者の保護は、つねに、イスラエルの民がエジプトの奴隷状態から解放された出来事にその理由が求められました。イスラエルの民はかつてエジプトの地で奴隷として虐げられた寄留者であったがゆえに、社会で苦しむ人々の苦難を理解し、これを保護できるはずであり、またそうあらねばならない。つまり、この民がヤハウェをイスラエルの神として信じ、その律法を遵守することは、本来、出エジプトという民族の救済伝承と分かちがたく結びついていたのです。エジプトの奴隷からの解放こそがこの民の歴史と信仰の原点であるばかりでなく、この民が寄留者をも含む隣人を愛する根拠でした。

6

以上、旧約聖書にみる男女の愛、親子の愛、隣人愛の三点について、わずかな考察を試みてみました。次に、神の愛について触れてみたいと思います。旧約聖書は、ご存知のように、神ヤハウェと民イスラエルの関係を「愛」で結ばれる関係としてとらえました。そして、これを比喩的に夫と妻あるいは父と子として表現しています。

このような比喩を最初に用いたのは、おそらく預言者ホセアでした。彼は、その召命記事において、「淫行の女性」を妻とせよ、と命じられていますが（ホセ一2）、それは、いうまでもなく、ホセアと「淫行の女性」との関係が神ヤハウェとこの神を裏切ったイスラエルの民との関係に重ねられたからです。この民は神ヤハウェを裏切ったにもかかわらず、ヤハウェはなおこの民を愛し抜く、というのです（三1）。出エジプトの時代をこの民の信仰の原点としてとらえたホセアは、神ヤハウェがふたたび民をかの「荒野」に導き出し、かつてエジプトから脱した民がそうであったように、そこで神と民との「愛」の関係がふたたび回復される時代の到来を待望しました。そして、その日には、民は神ヤハウェに「わが夫」と語りかけるであろう、と記しています（二16―19）。彼はまた、民の歴史を回顧して、「イスラエルが幼かったとき、わたしはこれを愛し、エジプトから呼び出して、わが子とした」（一一1）というヤハウェの言葉を残しましたが、ここでは神と民とが父と子の関係としてとらえられています。しかも、この場合、「子」は養子のことです。それは、同じく養子縁組の宣言定式を用いて、「イスラエルはわが子、わが長子である」と語る出エジプトの物語にも反映されました（出四22）。

預言者イザヤもイスラエルの民をヤハウェの「子ら」と呼び、この民はヤハウェに養い育てられたにもかかわらず、これに背いた「堕落の子ら」であると糾弾しました（イザ一2以下）。エレミヤもまたヤハウェと民の関係を夫と妻、父と子としてとらえ、民の不実を糾弾した預言者でした。

わたしは思っていた、
わが父、とお前はわたしを呼び、
わたしに従い、離れることはないであろう、と。

ところが、妻が夫を裏切るように、
お前たちはわたしを裏切った。（エレ三19―20）

このような忘却の民を厳しく批判したエレミヤは、最終的には、この不実の民がヤハウェの「永遠の愛」（三一3）あるいは「新しい契約」（三一31以下）によって救済されるであろう、と語ります。それは、エルサレムをヤハウェの不実の妻として糾弾すると同時に、新たな契約によるヤハウェと民の関係の回復を告げたエゼキエルの預言に通じてゆきます（エゼ一六章）。

このように、預言者たちは神ヤハウェとイスラエルの民との関係を夫と不実の妻、父と反逆の子として描き出しましたが、それは彼らが神ヤハウェと民の関係を契約関係として理解していたことを示します。すでに古代メソポタミアにおいて、結婚は契約と考えられていました。ハンムラビ法典に「人が妻をめとっても、彼女のために契約を交わさなければ、その女性は妻ではない」（第一二八条）と記されていますし、じっさいに、多数の遺跡から、粘土板に楔形文字で記された、おびただしい数の結婚契約文書が出土しています。また、養子縁組も、それが公的に認められるためには、契約締結が必要でした。養子縁組を記した契約文書も数多く発見されています。しかし、神と民との関係をそうした契約関係をもってとらえたのは、古代西アジア世界でイスラエルだけでした。また、メソポタミアでもエジプトでも、王は神の子とみなされていました。その影響は旧約聖書にもみられます（サム下七14、詩二7他）。しかし、イスラエルの場合のように、王と神とが契約関係として理解されることはなかったのです。いわんや、神と民とが契約を結ぶ、という思想はイスラエル以外には育まれませんでした。

旧約聖書における神の愛は、このように、契約に基づいています。そのことを明確にしたのが申命記です。申命記には、神ヤハウェがイスラエルの父祖たちを「愛し」、またそれゆえこの民を「選ばれた」と繰り返されています（四37、七13、一〇15、二三6）。また、申命記七章7－8節によれば、ヤハウェがこの民を「選ばれた」のは、この民が他の民よりも偉大であったからではなく、逆に、この民があらゆる民のなかで最も弱小であったからである。それゆえ、ヤハウェは「あなたたちを愛して」、これをエジプトの奴隷から贖《あがな》い出された、というのです。さきに、愛は、無価値とみえるところにかけがえのなさを発見し、そこに新たに価値を創造してゆく「はたらき」

ではないか、と申しましたが、まさに申命記に記された神の愛がそれでしょう。

申命記は、また、神ヤハウェを全身全霊をもって「愛する」ことを繰り返しイスラエルの民に求めていますが、それはこのような神の愛に対する民の応答にほかなりません。こうして、ヤハウェはイスラエルの神となり、イスラエルはヤハウェの民となるのですが、それが契約として提示されるのです。しかも、それは過ぎ去った過去の一回的な契約ではなく、「今日のわれら」と結ばれた契約である、と申命記五章2－3節は明確に語っています。

われらの神ヤハウェはホレブ（＝シナイ）でわれらと契約を結んだ。ヤハウェがこの契約を結んだのは、われらの先祖たちとではなく、われら、今日ここにいるわれら、今日のわれらすべてとである。

このほかにも、申命記には、「今日」という語が繰り返されています（申六6、七11、八1、11、九1他）。この「今日」は、物語の時間の上では、この民が出エジプト後の荒野彷徨を経て、モアブの野に滞在したときのことですが、同時にこれが聞く読む者たちの現在と重ね合わされていることはいうまでもありません。申命記三一章9節以下には、申命記の律法を、七年ごとに、仮庵祭で朗読すべきことが命じられていますが、そのたびごとに、この契約は「今日」という現在の出来事として確認されたのです。こうして、神ヤハウェが出エジプト後にこの民と結ばれた契約は、繰り返し、心に刻み直されることになります。小さな奴隷の民を「選び」、これを「宝の民」とされた神の「愛」が想起され、人々はヤハウェの民として「愛」をもってこれに応えなければならない、と自覚させられます。さきに、「愛」を持続させるためには意志の力が必要である、と申しましたが、このような「契約」こそはその意志の力の源泉であったと申してよいでしょうか。キリスト者にとって、それが聖日礼拝に当たることは申すまでもありません。

7

最後に、司会者にお読みいただいた詩篇二三篇に触れておきたいと思います。

羊と羊飼いの比喩を用いて信仰者の信頼を詠いあげたこの美しい詩篇はあまりにも

有名であり、さきほどは讃美の合唱としてこれを聞かせていただきました。暗唱しておられる方もおられることと思います。二年ほど前、わたしはこの詩篇の簡単な注釈を公にいたしましたが、そのとき、ひとつのことに気づかされました。それは、この詩に用いられた比喩には、かつてのイスラエルの民の歴史が映し出されている、ということでした。1節から4節までは羊飼いと羊飼いに導かれる羊が描かれます。ところが、5節と6節は、むしろ、定住生活をふまえているようにみえます。つまり、この詩には、その比喩表現に注目しますと、牧羊生活から定住生活へという時の流れがみてとれるのです。そして、6節最後の言葉「主の家」は、エルサレム神殿を念頭においています。

そうすると、この詩には牧羊民であった先祖たちが出エジプト後の荒野放浪の時代を経て、敵を前にしつつも、約束の地に定住を果たすイスラエルの歴史が投影されているのではないか、と思わされましょう。しかも、1節の「欠けることはない」、2節の「憩いの水辺」や「伴う」、3節の「導く」などの単語は出エジプト伝承に特徴的な語彙なのです（詳しくは拙著『詩篇の思想と信仰I』、新教出版社、二〇〇三年、三三七頁以下参照）。他方、本詩自体はあくまでも個人の信仰を詠った作品であって、イスラエル民族の詩ではありません。こうした事実は何を意味するでしょうか。それは、本詩において、この民の歴史が個人の信仰に表現のかたちを与えている、ということではないでしょうか。そういえば、出エジプトを果たしたイスラエルの民は「火の柱と雲の柱」に象徴される神ヤハウェによって導かれた、と伝えられていますが、おそらく本詩の詩人は、そうした民の伝承を個人の信仰の歩みに重ね合わせて、これを詠ったのです。荒野で出エジプトの民を導いたヤハウェは、牧者として、一人ひとりの信仰者に寄り添うようにして、その生涯を導く神である。かつて、死期を感じ取った晩年のヤコブは、「この日まで、わが生涯をとおしてわが牧者であった神よ」（創四八15）とヤハウェに呼びかけましたが、「ヤハウェはわが牧者」と詠いはじめ、「あなたがわたしと共におられる」という信仰の確信を与えられた詩人も、同じく、「わが生涯をとおして、恩恵と慈愛とがわたしに追い迫る」という感謝の声を神ヤハウェに届けようとしたのです。

この講話の冒頭で、「人がひとりでいるのはよくない」という神の言葉は、人をひとりにはしない、という神の約束として読むこともできる、と申しましたが、旧約聖書においてそのことを端的に示しているのが、この詩篇第二三篇ではなかったか、と思わされるのです。と同時に、この言葉は、また、人をひとりにはしてはならない、という神の命令として受けとめることもできる、と申しました。それがさきに述べた「隣人愛」の掟であることはいうまでもありません。

以上、雑駁なかたちで、旧約聖書における「愛」について思うところを述べさせていただきました。サムエル記にみられるダビデとヨナタンの「友情」も愛のかたちのひとつとして、とりわけそれが契約として表現されている点(サム上一八3他)において、興味深くありますが、もはや、「友情」について触れる時間はなくなりました。この拙い講話が、全体として、イエスの教えと実践をとおして明確に示され、初代教会にも確かなかたちで伝えられた「愛」の前史が旧約聖書にみられることを、わずかなりとも、お伝えできたとすれば、さいわいです。

ご清聴、ありがとうございました。

(無教会全国集会、二〇〇五年一〇月)

旧約聖書にみる苦難の理解

旧約聖書は、いうまでもなく、古代イスラエルの民の歴史と信仰の記録です。しかも、その歴史は、総じて苦難の連続でした。古代西アジア文明世界の辺境の弱小民として、この民は、つねに周囲からの脅威にさらされ、ついには、祖国滅亡とバビロニア捕囚という民族存亡の危機を体験しました。そのような歴史体験のなかで、民族の苦難をどのように受け止めればよいのか。旧約聖書の歴史書を編纂した信仰者たちは、この点に深く思いをいたし、それを過去の歴史や歴史伝承のなかに見定めようとしたのです。ですから、旧約聖書中の歴史書は単に出来事の経過を書き留めたのではありません。むしろ、この民の苦難の歴史を辿るなかで、眼には見えないけれども、この民の歴史を導く神の意思を見きわめようとした信仰の記録でもありました。

本日は、しかし、そうした民族の苦難という歴史問題には立ち入りません。「民族の苦難」というのは、「民族の心」などという場合と同じく、「民族」を一人格とみる一種の比喩的な表現です。しかし、どのようなときにも、じっさいに苦しむのは民族でなく、そこに生きる個々人です。個々人が苦しみを共有するということはありますし、それは人間に与えられた最も大切な能力のひとつですが、その場合でも、まずは一人ひとりが苦しむのです。苦しみの内実はもちろん様々です。怪我や病気による身体的な苦痛があり、他者からの非難や社会的差別や境遇によって苦しめられることがあります。箴言に「魂の苦しみを知るのは心」（箴一四10）という言葉がありますが、他人には分かってもらえない心の苦しみはしばしば人を絶望に追いやります。

ところで、苦の問題を深く見据えた宗教は仏教です。わたしたちが日常的に用いる四苦八苦という言葉も、元来、仏教用語です。仏教では、生きること、老いること、病むこと、死ぬこと、すなわち生・老・病・死をまとめて四苦と呼びました。老いや病や死だけでなく、生きることがそもそも苦しみである、というのですね。これに、愛する人との別離（愛別離苦《あいべつりく》）、嫌いな人との出会い（怨憎会苦《おんぞうえく》）、求めるものが得られないこと（求不得苦《ぐふとくく》）、すべては苦に満ちていること（五蘊盛苦《ごうんじょうく》）の四つを加えると八苦となります。要するに、世界は苦しみに満ちている。そして世界が苦に満ちているのは、第一に、世界が恒常普遍の実体でなく無常だからであり、第二に、その無常の世界に我々が執着するからである。仏教ではそのように考えるのですね。こうして、仏教は徹底して世界の無常性を見つめると同時に、無常の世界に執着する人間の心のあり方を探究して、苦しみに満ちた世界から解脱する様々な方法を確立させてゆきました。苦の探究において、仏教は他の宗教の追随をゆるさないのではないか、とさえ思わされます。では、それに対し、旧約聖書において人間の苦難はどのように理解されているでしょうか。

1

詩篇の第九〇篇を開いてみると、10節には次のような言葉がみられます。

われらの歳月は七十年、
健やかであって八十年、

そのほとんどは労苦と災いです。
それは瞬く間に過ぎ去り、
われらは飛び去るのです。

ここには二つのことが詠われています。ひとつは、人生のはかなさです。これに先だつ5―6節にはそれが、朝に花を咲かせ、夕べにしおれる草花にたとえられていま す。旧約聖書には、意外にも、草花にたとえて人生のはかなさを詠じる詩句が少なく ありません(イザ四〇6―7、詩一〇三15、ヨブ一四1―2など)。それだけを取り出し てみれば、これらの箇所は日本人の好む無常観を思わせましょう。しかし、旧約の詩 人たちは人生を草花や影や息にたとえて、そのはかなさを嘆き、感傷に浸ったのでは ありません。むしろ、はかない人生がはかないままで、なお永遠の神と結ばれうるこ とを彼らは信じました。人間はいずれ朽ち果てるはかない存在であるとしても、その はかない存在がなお朽ちゆくことのない永遠の神との関わりのなかに置かれている。 詩篇八篇にはそのことの不思議さが詠われています。

もうひとつは、労苦と災いに隈どられた人生です。人生は、はかないだけでなく、労苦に満ちている。『放浪記』を残した林芙美子にならっていえば、人の命は短くて、苦しきことのみ多かりき、となりましょう。こうした感懐を旧約聖書から拾ってみると、「生きた年月はわずかで、苦難に満ちていました」というヤコブの発言がそのひとつです。エジプト入りしてファラオに謁見したヤコブは、何歳かと問われて、そう答えています（創四七9）。それは物語を伝えた多くの人の感懐でもあったにちがいありません。「なぜ、わたしは胎を出て、労苦と悲嘆を味わわなければならないのか」と嘆いたのは悲哀の預言者エレミヤでした（エレ二〇18）。同様の嘆きはヨブ記や嘆きの詩篇にもみられます。ヨブについては、後に触れてみたいと思います。

旧約聖書のなかで人間の労苦に触れる最初はエデンの園の物語です。禁じられた「善悪を知る木の実」を食べた最初の夫と妻がそれぞれに神から言い渡される言葉に「労苦（イッツァボーン）」という単語が共通してあらわれます。妻には「わたしはあなたの労苦と身ごもりとを増し加える」と告げられ、夫アダムには「あなたは、生涯、労苦のなかで食物を得ることになる」と言い渡されます（創三16、17。訳文は岩波版『旧約聖書Ⅰ』二〇〇四年による）。ここには、人生には労苦がつきものであるとの認識が表明されていますが、それと同時に、労苦は神の戒めを破った人間に下される処罰である、とみることもできます。詩篇九〇篇にも、人生のはかなさと労苦が「われらの咎」また「われらの隠れた過ちの数々」に対する神の怒りと無関係でないことが暗示されています（7―9節）。

これを一般化すれば、人間の苦難は罪に対する神の処罰である、となりましょう。はじめに触れた旧約聖書の歴史書にみる歴史の根本原則がこれでした。イスラエルの民が国を失い、バビロニア捕囚という憂き目に遭ったのは、この民の罪が神ヤハウェの怒りを招いた結果である、と理解されています（王下二一11―15他）。そうした見方が個々の人生にもあてはめられると、人生における苦難は当人の罪に対する神からの処罰とみなされ、逆に、幸福な人生は義人に与えられる神の祝福と受けとめられました。さらにそれが律法と結びつくと、イスラエル的な因果応報的人生論が成立します。神ヤハウェに信頼して悪に染まらず、律法に従って正しく生きる者には祝福が与えられるが、自分の力に頼って不遜にも律法を遵守しない者には滅びにいたる苦難が下される、というのです。

このような因果応報論は、バビロニア捕囚期以降、ユダヤ教の人生観として定着してゆきました。さきにみた老ヤコブの感懐を含め、古い父祖たちの物語には因果応報論が前面に出ることはありません。捕囚期の預言者エゼキエルによって、個々人は自己の行為の結果を負わねばならないことが強調されますが（エゼ一八章）、それがこのような因果応報論的人生観に先鞭をつけたといわれるのです。もっとも、エゼキエル自身はそれによって捕囚という絶望的な情況にある同胞に責任ある主体の確立を求めたのであって、個人的因果応報論だけを唱えたのではなかった、ということも言い添えておかねばなりません。いずれにせよ、第二神殿時代には、因果応報論が人生の知恵として格言風に語り出されてゆきます。それが箴言をはじめとする古代イスラエルの知恵文学（シラ書や知恵の書など）の基調となりました。とくに箴言一〇章から一三章には、義人の幸いと邪悪な者の不幸とを対照的に述べる教訓風の対句が繰り返されます。詩篇一篇をはじめとするいわゆる知恵の詩篇もそのような人生論を前提にしています（詩三七、四九、九四、一一九篇他）。歴史書では、歴代誌が個人において完結する因果応報をふまえて、列王記の記事を書き換えています。たとえば、ヨシヤ王は「ヤハウェの眼に正しいことを行った」と評価されながら、エジプト軍に討たれて非業の死を遂げますが（王下二三22－29）、歴代誌はそのようなヨシヤ王の非業の死の理由を説明して、彼はエジプト王ネコの口を通して告げられたヤハウェの言葉に聞き従わなかったのだ、と記すのです（代下三五22）。

因果応報論は文化や宗教によって様々な表現をとりますが、総じてそれは、行為の善・悪と人生の幸・不幸を因果論的に相関させる一種の幸福論であるといえましょう。それが勧善懲悪や信賞必罰といった人類の倫理観の土壌を形成してきたことは疑いありません。まじめな努力が報われることを願わない人はいません。悪を放置すれば、社会の秩序は成り立たないでしょう。しかし、その一方で、因果応報的人生観が人間の苦難を説明する原理として固定化されると、悪人が栄え、善人が苦しむ社会の歪みや矛盾は等閑に付されてしまいます。ゆえなき苦難にあえぐ人は罪人として断罪され、人生の不条理は安易に合理化されることになります。旧約聖書において、因果応報論的人生観のもつそうした問題を見据えた代表的作品がヨブ記とコヘレト書でした。

2

ヨブ記は神信仰をめぐる様々な問題を提起する一書ですが、周知のように、主題のひとつは苦難の問題です。その冒頭で「神の子ら」のひとりサタンは神を挑発し、

「ゆえなくヨブは神をおそれましょうか」(ヨブ一9)と問いかけます。見返りを求めない神信仰などありうるだろうか、というのです。そこでヨブに「ゆえなき苦難」が下されます。ヨブは息子と娘を失い、財産を失い、自らも重い皮膚病に悩まされます。それによってヨブの神信仰が試されるのですね。このヨブを「慰めるために」訪れた三人の友人たちは、当初、苦しむヨブに深い同情を寄せます。ところが、ヨブがおのれの生を厭い、自らの存在を呪う言葉を発すると(ヨブ三章)、彼らはそれを諫め、ヨブに忠告し始めます。

さあ、想い起こしてもみよ、
無実の者で、誰が滅び失せたか。
どこで正しい人が消え失せたか。
わたしが見たところでは、
害悪を耕し、災禍を蒔く者が
それを収穫することになる。
彼らは神の息吹により滅び失せ、

その怒りの息により絶え果てる。（ヨブ四7―9）

このようなエリファズの忠告が因果応報論的な苦難の理解の伝統に立つことは明らかです。以後、友人たちはこの立場を様々に繰り返してゆきます。それに応じるヨブの発言は、ある意味で支離滅裂です。一方で、落ち度のない義人が物笑いとなり、略奪者たちが平穏に生きている現実があるではないか、とヨブは友人たちに反論し（一二4―6、一二7他）、神は落ち度なき者も邪悪な者も滅ぼされ、無実の者たちの破滅をあざ笑われる、とまで言い切ります（九22）。しかし、その一方で、自分は無実であるがゆえに、このような仕打ちは不当きわまりない、と神に訴えます（九28―31、一〇6―7他）。自らが完全無欠とはいわないまでも、このような仕打ちを受けるほどの罪は断じて犯していない（一三20―28）。それゆえ、神の前にまかり出て、そのことを論じてみたい、というのです（九32―35他）。ところが、神は沈黙を決め込み、姿を隠しておられるようにみえる（二三2―9）。そこにヨブの深い絶望がありました。

ここにおいて、ヨブと友人たちの立場の違いは明らかです。友人たちは因果応報の論理をもってヨブの苦難を説明し、悔い改めて神に立ち返り、神に境遇を回復していただくことだ、とヨブに勧めました（四15―27、二二21―30）。そこには、試練としての苦難という理解も顔を覗かせます（五17）。三二章に突如として登場するエリフの長広舌（～三七章）は、ヨブ記への二次的付加とみられますが、彼の主張も基本的には三人の友人たちのそれと変わりません。それに対して、ゆえなき苦難の当事者であるヨブにとって、そうした勧告は受け入れがたいものでした。ヨブが友人たちに求めたことは、彼の側に立ち、不当な仕打ちを課す神を彼とともに訴えることであって、苦難の説明ではなかったのです。ところが、友人たちの神は義人を祝福し、悪人を罰する応報の神であり続けました。ここにおいて、神は応報の原理と化しているかのようです。ヨブが演じるのは、まさに、このような神との格闘でした。そこから神への冒瀆ともみえるヨブの発言が発せられ、じじつ、友人たちの眼にヨブは神を冒瀆していると映ったのです（一五2―6他）。ヨブの苦難がゆえなきことを知らされているわたしたち読者はヨブに同情します。しかし、もう一方で、たとえば「無実の者たちの破滅を神はあざ笑われる」（九23）といったヨブの過激な発言には驚かされずにはいられません。この辺の消息を神学者カール・バルトは、ゲーテの作品の一節を引いて「舟人はなおも遂には、彼がそれで難破するはずだったその岩にしがみついた」と表現しています（バルト著・西山健路訳『ヨブ』、新教出版社、一一八頁）。

ヨブ記は、このような議論のしめくくりとして、ヨブに対する神ヤハウェの応答を二度にわたって記します（三八―四一章）。ヤハウェは、まず、当時の博物誌的な知見をふまえ、様々な自然現象に触れて、その秘密をお前は知っているのか、それらをお前は差配できるのか、とヨブを逆に問い詰めてゆきます（三八―三九章）。続いて、ベヘモートとレビヤタンという二種類の凄まじい怪物に言及し、それらをも創造したヤハウェの権能を宣言するのです（四〇―四一章）。これらの発言は、しかし、苦難をめぐるヨブの深刻な問いをはぐらかしているのではありませんか。少なくとも苦難の問題に正面から応えていないようにもみえます。わたし自身、ながらく、そのような思いを禁じえませんでした。しかし、そうではなさそうです。

第一の発言は、じつは、友人たちとの論争の発端になったヨブの独白（三章）に対する応答です。はじめにヨブは、「その日は闇となれ」といい、ことさら「闇」の世界を強調しました（三3―7）。それによって、「光あれ」とはじまる神の創造世界を逆転させようとしたのです。ヨブはまた死を希い、地下にあると信じられた死者の世界を理想化しますが（三11―19）、それは地上にある生命界の拒絶でした。こうした発言は、それまで抱いてきた世界の秩序がヨブのなかで破綻し、意味世界が崩れてしまったことを示しています。ゆえなき苦難のなかで、ヨブはこの世界で生きる意味を失ったのです。ヨブが信じていた創造世界の秩序が根底から覆ってしまった。それに対して、ヤハウェは次々と自然誌的な事例を掲げて、ヨブを問い詰めます。ヨブがいかに否定しようとも、創造された世界の秩序は厳然として目の前に横たわるではないか。ヨブがいかに闇の世界を強調しようとも、いかに死者の国に憧れようとも、そもそも闇の根源や死者の国がどこにあるのか、ヨブよ、お前は知らないではないか（三八16―20）。こうして、ヤハウェはヨブをふたたび創造の世界に引き戻すのです。

ヤハウェの第二の発言についても、同様のことがいえます。ヨブは三章8節でレビヤタンに触れました。レビヤタンとは、詩篇七四篇14節などから知られるように、創造以前の混沌を象徴する神話上の怪物です。その前には「日に呪いをかける者」という聞き慣れない表現がみられますが、この「日（ヨム）」という単語をヤムと読み替えると、レビヤタンと同じく、ウガリト神話に登場する反秩序を象徴する海の怪物を指すことになります。これらに言及することによってヨブは、創造の秩序が混沌の世界へと戻ってしまったことを訴えたのでした。それに対し、ヤハウェはベヘモートとレビヤタンを引き合いに出し、これらの混沌の怪物でさえも、じつは、神の権能のもとにあり、創造の秩序に組み込まれていることを明らかにするのです。はたして、ヤハウェの応答によって、ヨブは再び神の創造の秩序のなかに連れ戻されることになります。それによって苦難の理由が説明されたわけではありません。ゆえなき苦難はゆえなきままです。しかし、そうした苦難もまた神による創造の秩序に組み込まれている。そのことが人間の分別をこえた秘儀としてヨブに示されたのです。これを、ヨブの側からいえば、ゆえなき苦難にあえぎ、そのような仕打ちをゆるした神と格闘するなかで、ついに創造の神の秘儀に触れ、神との出会いを果たした、ということになりましょう。そのことがヨブの最後の言葉に示されています。

わたしはあなたを耳で聞くには聞いていました。
しかし今や、わが眼はあなたを見ました。(四二5)

このようにみますと、ヨブ記は理由なき苦難にもがき、姿を隠しているかにみえる神と格闘するなかで、ついには神との出会いを果たす人間のドラマである、とみることができましょう。最後にヨブ記はヨブ自身の回復を語りますが、それに先だって、真実（「たしかなこと」）を語ったのは三人の友人たちではなく、ヨブであった、というヤハウェの言葉を付け加えました（四二7、8）。

3

「空の空、一切は空」とはじまり、ほぼ同じ言葉で閉じられるコヘレト書は旧約聖書のなかでも特異な一書です。著者の思想的立場を見きわめることはなかなか容易ではありません。研究者の間でも、悲観主義、虚無主義、快楽主義、中庸主義など、様々な見解がみられます。しかし、応報論的人生観を退ける点では、コヘレト書はヨブ記と軌を一にします。もっとも、その論点はヨブ記といささか異なっています。以下、そこに焦点を据えて、この書をみてゆきましょう。

著者コヘレトは、神を畏れる人に幸いがあり、悪人に幸いはない、という応報の原則を一応は認めつつも、その一方で、不条理の現実をしかと見つめました。八章14節には次のように記されています。

だが、地上には〔これとは別に〕空なることが起こる。
悪人の行為にこそふさわしい報いに遭遇する義人がおり、
義人の行為にこそふさわしい報いに遭遇する悪人がいる。

現実には因果応報論では把握しきれない不条理が厳然と存在する、というのですね。同様の指摘は七章15節でもなされています。しかし、著者は「これもまた空である」と断じて、人間社会の不条理にそれ以上に踏み込むことはしませんし、苦難の意味を探究することもありません。なぜでしょうか。

著者はこの書のはじめの部分に、まず知恵を得ようと試み、次に快楽をもって幸福を追求してみたけれども、いずれも空しかった、と記しました（一12―二11）。知恵の探究が空しいのは、人間の知恵をもっては現実の不条理を測ることができないからです（七23―24）、いわんや、不条理の世界を変えることもできない。こうした現実世界を著者は逆説的に「神の業」と呼ぶのです（三11、14、七13、八17、一一5）。したがって、人間はこれに随《したが》うほかはない。そうした態度に著者は「神へのおそれ」という表現を充てました（三14、五6、七18、八12―13）。他方、幸福の追求が空しく終わるのは、死をもって限界づけられる人の一生において、何が幸いであるか、人間は知ることができないからだ、とコヘレトはいいます（六12）。死は賢者と愚者とを区別しないどころか、死を前にして人間は動物とも変わらない（二16、三19）。だから、賢者が愚者にまさるわけでもなければ、幸いな人生が労苦に満ちた人生にまさるわけでもない。つまり、すべての人を襲う死によって、人生のあらゆる価値は相対化され、無意味化されてしまう、というのです。

とすれば、賢さと愚かさ、幸いと不幸、富と貧しさといった、人生を二分するかにみえる価値の体系そのものが根拠を失うことになりましょう。コヘレト書に数々の矛盾した命題が並べられるのは、そのためです。たとえば、著者は「闇より光に益があるように、愚かさより知恵に益がある」（二13）といいつつ、すぐさま「知恵を得ることの無意味さを語ります（二15）。「死ぬ日は生まれる日にまさる」（七1）はずなのに、「死んだライオンより生きている犬のほうが幸いである」（九5）と述べます。「憂いは笑いにまさる」（七3）というかと思えば、その「憂い」を「心から取り除け」と勧め（一一10）、「快楽について、それが何になろう」（二2）とつぶやきながら、

「その生涯、楽しんでよきことをなすほかに、幸いはない」（三12他）と繰り返すのです。

通常、わたしたちは物事を「よい／わるい」といった二分法的価値観念をもって判断しています。それは善・悪、賢・愚、幸・不幸、快・不快、富・貧、美・醜、等々、あらゆる事柄に及びます。それが因果応報論的人生観を成り立たせる根拠でもありました。しかし、コヘレト書はそうした二分法的価値判断の無意味性を指摘し、因果応報論的人生観を成り立たせている二分法的価値観そのものを退けるのですね。したがって、そこでは苦難もまた相対化され、究極的には、苦難の理由を問う必要も、その意味を探究する必要もなくなってしまう。人生が労苦に満ちているとすれば、その労苦そのものを幸せとして受け止める以外にはない（二23、三13、五17）。それがコヘレトのいう「神をおそれる」という態度でした。

人間は不条理の世界に投げ出されている。人生に究極的な意味を与える根拠をそこに見出すことはできない。コヘレトはそれを「空の空、一切は空」と表現しました。そのような不条理の世界に生きる無意味な人生、「労苦」に隈どられた否定的な人生、人間はこれを「日の下で神が与えた生涯」（八15）として受け入れるほかにない。人生の「労苦」を「神の手による」ものとして肯定するほかにない、というのです（二24）。それは、しかし、不条理な現実に一定の距離をおいて恬淡《てんたん》と生きるというよりも、不条理な人生を「神からの贈り物」として受け入れる勇気ある覚悟でもありましょう（三13）。そこにコヘレトの逆説的な幸福論がみられるように、わたしには思われます。

4

以上、応報論的な苦難の理解を批判的にとりあげた旧約聖書中の異色の二書、ヨブ記とコヘレト書に少しばかり触れてみました。批判の論理はコヘレト書のほうが原理的で徹底しています。しかし、苦難の問題を神信仰との関わりで追求したのはヨブ記のほうでした。ヨブ記はペルシア時代に、コヘレト書はそれより遅いヘレニズム期に記されたと考えられますが、もしそうであれば、すでにこの時期、イザヤ書に印象深く記された「苦難の僕」の詩（イザ五二13－五三12）も知られていたはずです。ところが、この詩にみられる「身代わりの苦しみ」という視点は、なぜか、ヨブ記にもコヘレト書にも見当たりません。その意味で、「われらすべての咎」を負って苦難の道を歩んだ「僕」を詠うこの詩は旧約聖書における苦難の理解のなかでもきわだっているといえましょう。後代、それが十字架にいたるイエスの苦難と死を意味づける重要な典拠のひとつになったことは周知のとおりです。「苦難の僕」がイエスの生涯に重ね合わされ、そこからイエスの苦難とその死の意味が紡ぎ出されました。

旧約聖書研究では、第二イザヤと呼ばれる捕囚期末の預言者に帰せられるこの詩について、その「僕」とは誰か、という点に議論が集中し、モーセやエレミヤといった歴史上の人物、イスラエルの民、第二イザヤその人、将来的メシアなど、様々な見解が提案されてきましたが、いまだ定説はありません。しかし、そうした学説を離れて、身代わりの苦しみという事態に目を向けますと、それが特異な出来事でも、苦難の特殊な解釈でもないことに気づかされます。

個人的な経験になりますが、二十数年前、生後一ヶ月余で高熱を出した三番目の子どもを病院に抱きかかえ、深夜、救急診療に駆けつけたことがありました。髄膜炎の可能性あり、と担当医師から告げられたわたしは、恢復《かいふく》を祈ると同時に、心に覚悟をきめて、病院の待合室で検査結果を待ちました。いつしか夜も明け、外来患者が訪れる時間になると、たまたま、歩くことのできない少年を背負ったひとりの母親がわたしの隣に座りました。うかがいますと、小学四年生にもなろうかと思えるその少年は、幼児期、小児麻痺《しょうにまひ》のワクチン投与によって小児麻痺を発症したのだといいます。当時、同様の発病事例が全国的に頻発し、そのために、投与前の健康検査を厳しく行うだけでなく、一回の投与量を減らして投与回数を増やすなど、小児麻痺ワクチンの投与方法に改善措置がほどこされるようになり、今では、この子のようにワクチン投与によって小児麻痺を発病する子どもはほとんどなくなりました、とその母親は話してくれました。わたしはそれをうかがい、母親に背負われたその少年と健常児として育つわたしども夫妻の年上の子どもたち二人との関わりを思わずにはいられませんでした。彼らが健常に育つ背景には、このように小児麻痺に冒された子どもと親の苦しみがあることにあらためて気づかされたのです。

この種のことは公害や薬害に限られません。極悪犯罪はいうにおよばず、悲惨な戦争によって生命を奪われた人々、制度上の不備や経済の歪みに晒された人々、さらには様々な自然災害に直撃された人々が現実に数多く存在します。そのために法律や制度が改善されると、その後には同じような犠牲者は少なくなります。思えば、社会はそうした苦難や犠牲の上に成り立っているのですね。わたしたちが生き生かされているということ自体が、じつは、そうした犠牲を踏み台にしているのではありませんか。かの母親の背に負われてうつろな目で天井を見上げる少年との無言の出会いの体験を通してわたしは、「身代わりの苦しみ」ということが宗教上の教説にとどまらずして、わたしたちの生の事実であることをはっきりと学ばされたのでした。

ここから翻って、「苦難の僕」の詩について考えてみましょう。この詩が作られたのはおそらくバビロニア捕囚期末、捕囚からの解放が現実味を帯びてきた時期でした。詩にみられる「われらの平安」「われらは癒された」などの表現は捕囚からの解放を指すとみられます(イザ五三5)。しかし、そのために、「われらの病」と「われらの痛み」を負わされた人がいた、とこの詩は詠うのです(イザ五三4)。彼の死は「われらすべての背きのゆえ」であり、「多くの者の罪を負って」彼は自らのいのちを注ぎ出したのでした(同12)。「わが僕」と呼ばれるこの人はいったい誰なのか。定説はないと申しましたが、やはり気になるところです。

この詩は、便宜上、第二イザヤと呼ばれる預言者に帰せられます。彼はその預言のはじめに、エルサレムに託して捕囚の民の「咎は償われた」と詠い出し、捕囚からの解放の時が訪れた、と宣言しました（イザ四〇2）。しかも、彼はこの捕囚からの解放にガーアル「贖う」という表現を繰り返し用います（同四三1、四四22、四八20、五二3他）。神ヤハウェをゴエール「贖い主」とも呼ぶのです（四一14、四四6、五四5他）。そもそも「贖う」とは、負債ゆえに売り渡した土地や債務ゆえに奴隷に零落した人を「買い戻す」ことを意味する動詞でした（レビ二五24、28参照）。このような単語を第二イザヤは好んで比喩的に用いたのです。それは、なによりも、捕囚の民の負債が支払われたこと、すなわち民の罪が赦されたことを意味しました（「負債」としての罪理解は新約聖書の「主の祈り」［マタイ六12］にもみられます）。それが捕囚からの解放と結びつくのは、はじめに触れたように、捕囚がこの民の罪の結果と受けとめられたからにほかなりません。

では、どのようにして、この民の負債は支払われるのでしょうか。この点について、預言者の視点は必ずしも定まっていません。「慰めよ、わが民を慰めよ」と始まる第二イザヤ冒頭の詩では、捕囚の民の「苦役は満ち」、民の「咎は償われた」と考えられています（イザ四〇2）。その場合、五〇年ごとに負債が解消されるヨベルの年（レビ二五10）が念頭におかれていたにちがいありません。捕囚期間は、第一回バビロニア捕囚（前五九八年）から数えて、ちょうど五〇年を経過していたからです。しかし、バビロニア捕囚からの解放は五〇年目に実現することはありませんでした。その後、ペルシア王キュロスによる世界支配が捕囚の民の解放を実現すると予見した預言者は、諸民族がイスラエルの「いのちの代わり」になると述べる（イザ四三4）一方で、「彼」すなわちキュロスは捕囚の民を「代価」なしに解放するとも告げています（四五13）。

それに対して、「苦難の僕」の詩においては、苦難の道を歩んだ「僕」が「われら」の罪をその身に負った、というのですね。捕囚からの解放が現実味を帯びるなかで、預言者は「われら」の罪の赦しについてあらためて思いを潜めざるをえなかったのではないでしょうか。捕囚からの解放は「われら」の罪が赦されたことを意味したからです。ところが、じっさいには、五〇年以上にわたる捕囚の民の歩みのなかで辛酸をなめ、惨めな死を遂げていった名もなき同胞たちがいました。彼らは解放の恩恵に浴することなく、苦難のなかで生涯を終えている。その彼らがじつは「われら」の罪を負ってくれていた。預言者はそのことに気づかされ、彼らのことを「苦難の僕」の姿に重ね合わせたのではないか。わたしにはそう思われてなりません。いずれにせよ、ここに詠われる「僕」はけっして特別な人ではありませんでした。そして、わたしたちの周囲にも、今なお、人々に蔑まれ、うち棄てられて痛みを負う人が少なくありません。このような人がじつは「われらの罪を担う」神ヤハウェの「僕」である。「苦難の僕」の詩はわたしたちにそう告げているのではありませんか。ここにおいて、苦難が因果応報の論理から解き放たれてゆきます。苦難が新たな光芒を放ち始めることになります。

5

以上、旧約聖書にみる苦難の理解をその代表的な箇所に探ってみました。そこには、因果応報論による苦難理解との格闘があり、「身代わりの苦難」という洞察がありました。しかし、全体としてみると、旧約聖書は因果応報論による苦難の理解を保持し続けました。それが新約時代のユダヤ教に引き継がれていったことは、たとえば罪と病を、病人と罪人を並べる語法などにもよく表れています。福音書が示すように、イエスの活動は、一面では、このような苦難の理解とそれに基づく差別との闘いでした

（マルコ一二3－12、16－17他）。ヨハネ福音書九章のはじめに記された、生来の盲人をめぐる弟子たちとイエスの問答によれば、イエスは弟子たちが前提にする因果応報論をきっぱりと退け、「彼（＝盲人）に神の業が現されるためである」という驚くべき苦難の理解を表明しています。このような苦難の理解は本日の講演の範囲をこえますが、苦難に神の業が現され、神の栄光が示されるという点に、かの「苦難の僕」の詩がはっきりと継承されている、とわたしには思えます。それが十字架にいたるイエスの苦難と死の理解につながったことはいうまでもありません。

（名古屋ちとせのいわ聖書研究会講演、二〇〇七年六月）

歴史と信仰——預言者ホセアに学ぶ

1

ホセアは、ご存じのように、紀元前八世紀の北イスラエルに登場した預言者です。その活動はヤロブアム二世の治世後半、紀元前七五〇年頃から北イスラエルが滅亡する紀元前七二二年の数年前までであったとみられます。ヤロブアム二世の治世といえば、北イスラエルが未曾有の繁栄を謳歌した時代でした。しかし、彼が没すると、外からは大国アッシリアの軍事的脅威が迫り、内には政治的な陰謀が渦巻き、王国は坂道を転がるように滅亡へと突き進んでゆきました。ヤロブアムの死から王国滅亡まで、わずか二五年の間に六人の王が相次いで即位しますが、そのうち四人までが暴力によって王権を簒奪したのです。皮肉にも、北王国の最後の王は預言者と同じ名前ホセアでした（現行聖書ではホシェア）。

ホセアには、個人的に知己を得ていたかどうかは判りませんが、預言者の先輩としてアモスがいました。アモスはヤロブアム二世のもとで繁栄を誇っていた時代、その繁栄の蔭で社会的弱者が踏みにじられている情況を座視できませんでした。彼は社会的弱者の立場に立って、富める社会を激烈に批判し、神ヤハウェの審判としてイスラエルの滅亡を告知しました。ホセアもまたこのようなアモスの批判精神を継承し、商人が搾取し、罪の上に富が築かれていることを厳しく指弾したのです（例えばホセ一二8―9）。

彼の社会的批判の多くは、しかし、政治に向けられています。それは、彼の時代のイスラエル社会が政治に翻弄されていたからです。その点で、ほぼ同時期に南ユダに登場し、彼よりも後まで活動した預言者イザヤと共通します。ホセアは、アッシリアの脅威のもとで国内に渦巻く政治的・軍事的陰謀を糾弾しました（五1―2、五8―10）。権力とくに王権をめぐる宮廷内の抗争を暴き出しました（七3―7）。また、アッシリアやエジプトといった当時の超大国に依存し、迎合する北イスラエルの風見鶏的な外交政策を厳しく批判しました（五13、七11―13、八9―10、一二1）。人間的な力とくに軍事力への依存を批判する姿勢において、ホセアはイザヤと通底しています。しかし、そうした政治的混乱の元凶を王制自体に看取した点では、エルサレムにおいてダビデ契約（本書九一頁参照）の思想に立ったイザヤとは立場を異にしていました。このホセアの王制批判については、後に、立ち入って触れてみたいと思います。

ホセアはまた、こうした政治批判以上に強烈な批判の矛先をイスラエルの民のバアル崇拝に向けました。バアルとは、イスラエル成立以前からカナン＝フェニキアで崇拝されていた豊饒を約束する神でした。先輩預言者アモスがイスラエルの地方聖所における祭儀中心のヤハウェ崇拝を批判したのに対し、ホセアの場合は、はっきりとバアルを名指します。アモスとホセアとの間の、このような微妙な差異にも時代情況の変化が反映しています。つまり、ヤハウェ主義を掲げて王権を簒奪したイエフ王朝時代、ヤロブアム二世の時代はその最後でしたが、少なくとも名目の上ではヤハウェ宗教が国家宗教として保護されていました。しかし、ヤロブアムが没し、イエフ王朝の終焉とともに、ヤハウェ宗教の蔭に隠れていたバアル崇拝が一気に息を吹き返したのです。イスラエルの民はこぞってバアル崇拝に傾斜してゆきました。もっとも、そのヤハウェ宗教自体がすでに以前からバアル化していた形跡もあります。比較的最近、そのことを示す興味深いヘブライ語碑文がいくつか発見されました。そのひとつには次のように記されています。

サマリアのヤハウェと彼のアシェラによって私はお前たちを祝福した。

この碑文は、イスラエルの人々がバアルの配偶女神アシェラを神ヤハウェの配偶女神として祀っていたことを示しています。

総じて預言者の宗教批判の矛先は、イスラエル、とくにその社会の上層部による、倫理を蔑ろにした祭儀中心主義に向けられます。ホセアもそうでした（例えば八11－13）。しかし、彼のバアル崇拝批判には少なくとも二つの特色が顕著です。そのひとつは、ヤハウェ以外の神崇拝を「淫行」としてとらえたことです。彼はイスラエルの民と神ヤハウェとの関係を比喩的に妻と夫の関係として捉え、イスラエルの民がバアル崇拝にはしることはヤハウェに背く淫行にほかならない、と見てとったのです。もうひとつの特色は、そうした「淫行」にはしる民の内なる動機への着目です。ホセア書二章7節にそれが民の言葉として明言されています。

私はわが愛人たち（＝バアルの神々）の後を追って行こう。
わがパンと水、わが羊毛と麻、わが油と飲物を与えてくれる者たち〔の後を〕。

ホセアは、ここで、イスラエルの民の物質的な豊かさへの憧れこそがバアル崇拝の内なる動機であったことを見抜いています。そこにバアル崇拝の本質的問題がありました。ですから、民がどれほどヤハウェを求め、ヤハウェに立ち返ろうとしても、それが同じ豊かさへの憧れを動機としている限り、彼はこの名ばかりのヤハウェ信仰を認めはしませんでした（二9、六1―6）。

2

ホセアの預言はこのように、政治批判と宗教批判に集中しています。前者は政治権力の問題です。後者は経済的な豊かさの追求という問題です。もし、人間の歴史を動かす巨大な二つの動力が権力への意志と利得の追求であるとすると、預言者ホセアはそうした歴史の二大動力を見据え、これを批判したといってよいでしょう。しかも、私見では、二重の視座から彼はこれに切り込みました。

そのひとつは、ホセアが政治や宗教の問題をすぐれて民の内面の堕落として理解したということです。ホセアのバアル崇拝批判が物質的豊かさに憧れるイスラエルの民の内なる動機に向けられていたと申しましたが、ホセアは、イスラエルの民の政治行動と宗教行動とを批判する際にも、民の内面の消息に着目しました。そうしたホセアの内面への視座が読み取れる箇所をここで逐一参照するわけにはゆきませんが、一例だけあげてみます。ホセア書には「心（レーブ）」という単語が一〇回ほど用いられています。この頻度数自体は必ずしも多いとは思われないかもしれませんが、アモス書にはこの単語がただ一回、それも「心の強い者」（＝「勇者」）という意味で用いられる（アモ二16）に過ぎないことを考えますと、ここにもまた民の内面に視線を注ぐホセアの預言の特質が顔を覗かせている、と言わざるを得ません。ホセアがイスラエルの民の「心」について語る主な箇所を列挙してみます。

ぶどう酒と新しいぶどう酒が〔彼らの〕心を奪ってしまった。（四11）
彼らは自らの心に語ろうともしない。（七2）
エフライムは愚かで心のない鳩のようになった。（七11）
彼らは心からわたしに叫ぶことをしなかった。（七14）
彼らの心は誤った。（一〇2）
彼らは満足すると、その心は高ぶった。（一三6）

これらはいずれも、豊かさに憧れ、沃地のバアル祭儀に「心」を奪われたイスラエルの民がその本来の「心」を麻痺させ、喪失させてしまったことへの告発の言葉です。アモス同様、ホセアもこのような民に対するヤハウェの厳しい審判を告知しますが、その一方で、ホセアには、その厳しい審判がかつて荒野でイスラエルに心を向けたヤハウェの意思までも完全に否定し尽くす、とは考えられませんでした。イスラエルを「愛した」（一一1）ヤハウェの「心」がイスラエルの民に向けられれば、イスラエルは癒されうるはずである、と信じたのです（六1）。この「愛する（アーハブ）」という動詞を神ヤハウェに用いるのもホセアの特色です。ただし、その際、何よりもまずイスラエルの民の「心」が再生され、回復されなければならない。ホセアにとって、民のそうした「心」の回復は、彼らがイスラエルの歴史の原点に立ち返り、ふたたびヤハウェの語りかけをその「心」で受けとめることでした。そのことが次のヤハウェの言葉によく表れています。

　それゆえ、さあ、わたしは彼女（＝イスラエル）を誘い出し、
　荒野に赴かせ、彼女の心に語りかけよう。（二16）

　このような例にみられるホセアの内面への視座は、私見では、後に申命記や申命記史家に引き継がれ、預言者エレミヤに引き継がれました。とくにエレミヤにおいて内面への視座はさらに深められてゆくことになります。荒野で再びイスラエルの民の心に語りかけるヤハウェは、エレミヤ書においては、イスラエルの民の一人ひとりの心に律法を記す、と記されるのです（エレ三一31以下）。

3

事態を根源的にとらえようとするホセアのもうひとつの視座は歴史です。ホセアはイスラエルの父祖ヤコブの伝承を引用します（一二4－5、13）。イスラエルの歴史の原点ともいうべき「出エジプト」とそれに続く「荒野の時代」を人々に想起させます（九10、一一1－2、一二14－15、一三4－6）。また、カナンの沃地定住後に起こった歴史事件に言及することも稀ではありません。後に触れるバアル・ペオルの事件や王制の成立などのほかに、「イズレエルの血」（一4）、「彼らはアダムで契約を破った」（六7）、「ギブアの日々」（九9、一〇9）などがあげられます。残念ながら、言及の仕方が簡潔に過ぎて、今日では、背景になる出来事が確定困難なものもあります。

ともあれ、このようなイスラエルの歴史伝承や歴史的事件への言及は、ホセアが目の前に繰り広げられるイスラエルの罪と悪をその歴史的起点に遡って捉え返した、ということを示しています。兄弟を欺き、アラムに逃れ、ペヌエルで神と争って恵みを請い、ベテルで神の顕現に接した父祖ヤコブの行動に、アラムと同盟してユダを攻め、ペヌエルやベテルの聖所で倒錯した宗教祭儀を繰り返す現在のイスラエルの姿が映し出されます。民数記二五章から知られるように、モアブの野でヤハウェを棄ててバアル・ペオルに走った先祖たちは、ホセアによれば、バアル祭儀に傾斜する現在の民の忌むべき罪悪のはじまりでした（九10、一一2、一三1）。こうしてホセアは、忌まわしい過去を想起することによって、民の現在の忌まわしさをより鮮明に照らし出します。ホセアにおける歴史伝承や歴史的事件への言及は単なる懐古趣味ではありません。イスラエルの歴史はその起点となる典型的な出来事に凝縮された民による罪の反復でした。彼にとって、歴史の想起はそうした民の罪の起点を見据え、現在の問題の根源を照らし出す作業だったのです。

アモスやイザヤもときに歴史を振り返りますが、彼らの場合、総じて歴史の回顧は来るべき神ヤハウェの審判の根拠づけでした。ところが、ホセアにおいては、想起された過去の歴史が現在と重ね合わされ、それによって歴史が現在化されるのです。こうした歴史の現在化は、後に、第二イザヤにおいて雄渾に語り出されることになります。

4

以上、ホセア預言の二つの特質として内面への視座と歴史への視座とを指摘させていただきました。この二つの視座が具体的にどのように生かされているか、ホセアの王制批判を例にとってみたいと思います。

はじめに述べたように、ホセアはヤロブアム二世の治世の末期、すなわちイエフ王朝繁栄の最後の時代に、預言活動をはじめましたが、この時期、イエフ王家に対して次のような預言を残しました。

しばらくして、
わたしはイズレエルの血をイエフの家にくだす。
イスラエルの家の王国を終焉させる。（一4）

「イズレエルの血」とは、イズレエルの平原で起こしたイエフによる王ヨラムの殺害と王権簒奪を指します（王下九―一〇）。それはホセアの時代から一世紀ほど前に起こった出来事でしたが、ホセアは預言活動の最初期、このように手を血に染めて成立したイエフ王朝を批判し、その滅亡を預言したのです。ここには、すでに、歴史的起点に遡ることによって事態の本質を見定めようとするホセア預言の特色がよくあらわれています。

ところが、イエフ王朝廃絶後も、王権簒奪は絶えず、王座に就く者は変わりこそすれ、イスラエルの王制自体は存続し続けました。ホセアはそのような王権簒奪の奥にある事態を見据え、権力に巣食う陰謀者たちの内面を「かまどのような心」と喝破します（ホセ七3―7）。そして、個々の王朝の個別的批判からさらに踏み出し、イスラエルの王制自体の起源に遡ることによって、これを根源的に批判したのです。一三章9―11節を引用してみましょう（原文に乱れがあるので、引用中の〈 〉内は原文の読み替え、［ ］内は補いです）。

イスラエルよ、〈わたしは〉お前を〈破滅させる〉。
じつに、お前の助け手〈は誰か〉。

お前の王は〈どこか〉。彼はどこでお前を救うのか。
すべてお前の〈高官たち〉と支配者たちは〔どこか〕。
お前が「王と高官たちを与えよ」と言ったとき、
わたしは怒りのなかでお前に王を与えた。
だが、憤りの中でわたしは〔これを〕取り去る。

この王制廃絶預言は、明らかに、サムエル記上八章6節に伝えられる、イスラエルの民が最初に王を求める伝承を踏まえています。つまり、ホセアは歴史の起点から王制を捉えなおし、王制が当初からヤハウェの意思に基づく政体ではなく、王制を望む民の意思の反映にほかならないことを洞察したのです。バアル祭儀に沃地の豊かさを求めた民は、王とその軍隊とに国防と安全という自らの救いを託しました。そうした民の姿は、サマリアやベテルの国家聖所において、ギルガルやギベアの民間聖所において、豊かさを求めてバアル祭儀に熱中するイスラエルの姿と質的に変わるところがなかったのです。「彼らの悪のすべてはギルガルにある」（ホセ九15）という言葉をもってホセアは、イスラエル最初の王サウルの即位の地としてのギルガル（サム上一一

14―15）と北王国の祭儀の中心地の一つでありながら悪の巣窟と化したギルガル（ホセ四15、一二12、アモ四4、五5参照）とを重ね合わせて批判に晒すのです。とすれば、王制もまたバアル崇拝と同様、民の望みを実現することはないどころか、崩壊するほかありません。

一〇章15節でも、イスラエルの民の「はなはだしい悪」のゆえにイスラエルの王は滅ぼされる、と預言されます。その「はなはだしい悪」の内実は明言されませんが、文脈からみると、ホセアの視線は特定の王の特定の「悪業」にではなく、王を頂点とし、自らの軍事力に依存したイスラエル全体に注がれています（一〇13b）。当時の王制はとくに軍事力の集中的強化に主眼をおきました。とすれば、ホセアはここでもまた、ヤハウェの意思に反して「王を立てた」かつての民の意思が王国の軍事力に依存する現在の同胞の姿のなかにそのまま引き継がれている、ということを洞察しているのです。

このように、ホセアはイスラエルの王制についても、それを求める民の意思を内から批判すると同時に、歴史的起点からこれを根源的に否定しました。ホセアの王制批判の徹底ぶりがここにあります。はたして、ホセアの預言は的中し、しばらくして、イスラエル王国はアッシリアによって亡ぼされました。彼自身は、しかし、何らかの理由でこれに立ち会うことはなかったようです。

5

このようなホセアの内面への視座と歴史への視座は古代イスラエルの思想史に寄与するところじつに大きかった、とわたしは考えます。しかも、ホセアにおいて、この両者は別個の二つの視座ではありませんでした。むしろ、この二つのまなざしが相補うなかで、事態がより根源から捉えられています。比喩的に申しますと、この二つの視座は現前の事態を理解し、評価するための座標の縦軸と横軸です。そして、両者の交差する原点に「出エジプト」とそれに続く「荒野の時代」がありました。それは、イスラエルの民がエジプトから解放され、ヤハウェに見初《みそ》められた時代でした（九10）。ヤハウェとイスラエルが父と子のように（一一1）、夫婦のように（一三5）、心をかよわせた時代でした。一一章1節のヤハウェの言葉は養子縁組を、また、一三章5節「わたしはあなたを知った」（新共同訳では「顧みた」）は夫と妻の関係を暗示します。

ホセア書にはなぜかシナイ契約締結の伝承に直接言及する言葉は見あたりません。しかし、イスラエルはヤハウェの契約を破り、その「律法」に背いたという表現(八1―3)、お前はお前の神の律法を忘れたという言葉(四6)などに照らすと、この「荒野の時代」は明らかに律法に基づく契約がヤハウェとイスラエルの間で結ばれ、ヤハウェの民が成立した時代、つまりは契約の民イスラエルの歴史の原点でした。ホセアがこの時代のヤハウェとイスラエルとの関係を表すのに父と養子もしくは夫と妻の比喩を用いることにもまた、両者の間の契約関係が暗示されています。イスラエルを含め、古代西アジアにおいては、養子縁組も結婚も契約に基づいていたからです。たとえば有名なハンムラビ法典の一二八条には「もし人が妻をめとっても、彼女のための契約を結ばなければ、その女性は妻ではない」と定められています。

契約関係とは、いうまでもなく、一種の法的関係です。契約を破れば制裁が科せられます。契約が律法に基づくとすれば、律法違反が罪になるのは当然です。罪は審《さば》かれます。じじつ、ホセアはイスラエルに対するヤハウェの審きを語るとき、「律法」に言及しています。

彼らはわが契約を破り、わが律法に背いた。（八1）
お前はお前の神の律法を忘れた。（四6）

ここでホセアが言及する「律法」がどのようなものであったのか、学問的には確定が困難です。出エジプト記から申命記に記されているモーセの律法の大半は、じつは、ホセア以後に編纂・成立した、と考えられるからです。しかし、四章2節に列挙されるイスラエルの子らの罪状「呪い、偽り、殺人、窃盗、姦淫」の「呪い」以外は十戒を想起させます。最初の「呪い」も、これが父母を呪うことであるとすると（レビ二〇9参照）、これもまた「父母を敬え」という十戒の第五戒と重なります。つまり、この罪状列挙が全体として十戒に通じることは明らかです。したがって、すでにホセアの時代、「律法」がすでになんらかに文書化されていた可能性は否定できません。

しかし、それ以上に注目すべきは、そうした「律法違反」に先だって、イスラエルの民の「真実と慈愛と神を知ること」の欠如が指摘されている点です（四1）。ホセアはここで、「律法」が守られず、倫理が乱れ、社会が荒廃するゆゆしい事態は、ほ

かでもない、民に「真実と慈愛と神を知ること」が欠如しているからだ、と断じます。あるいはまた、六章6節では、

じつにわたしが喜ぶのは慈愛であって、供犠ではない。
神を知ることであって、全焼の供犠ではない。（六6）

と告げます。アモスならば、ヤハウェが喜ぶのは供犠ではなく、「義と公正」である、と語るところです（アモ五24参照）。それに対し、ホセアは「慈愛」と「神を知ること」を民に求めるのです。ここにホセアの面目があります。「神を知ること」とは「ほんとうの神をおそれ、神以外のものを神としないこと」と言い換えてもよいでしょうか。

ところが、イスラエルの民は「淫行を守ろうとしてヤハウェを棄ててしまった」（ホセ四10）。なぜイスラエルの民はヤハウェを棄ててバアル祭儀に耽るのか。それは「淫行の霊」が彼らを迷わせたがゆえである（四12）、「淫行の霊」が彼らの内面を占めてしまったがゆえである（五4）、とホセアは断じます。この「淫行の霊」という

痛烈な表現をもってホセアが白日のもとに晒し出したものは、バアル祭儀自体の忌まわしさというより、むしろ、自らすすんでバアル祭儀に身をやつす民の内なるおぞましさにほかなりません（四18―19他）。「真実と慈愛と神を知ること」を忘れて、沃地的な豊かさに憧れ、これに惑溺《わくでき》する同胞の心そのものがそれです。後にパウロは、いつまでも存続するものは「信仰と希望と愛」である、と記しましたが、ホセアにとって、イスラエルをヤハウェの民たらしめる要件は「真実と慈愛と神を知ること」でした。これを欠如させたがゆえに、イスラエルの社会は堕落し、荒廃した。しかも、それは社会の荒廃に留まらず、自然をも滅亡の危機に陥れている、とホセアは洞察したのです（四3）。

6

ホセアの預言は、しかし、このような批判や糾弾にのみ終始していたのではありません。イスラエルの終焉を預言した先輩預言者アモスと同様、徹底して社会の不義・不正を、宗教における堕落を糾弾したホセアもまた、イスラエルの破滅を預言します

（一三9他）。けれども、同時に、イスラエルの破滅を見て取った彼は、その民のひとりとして、イスラエルの回復をも希《ねが》わずにはいられませんでした。

彼のイスラエル回復預言の典型が二章16節以下です。ホセアの内面への視座と歴史への視座は、じつは、このイスラエルの回復預言に最もよく生かされています。すでに触れたように、イスラエルの回復は、イスラエルがその歴史の原点である荒野に立ち返り、ふたたびヤハウェの語りかけをその「心」で受けとめることにほかならない（二16）、その荒野で、ヤハウェはぶどう園を与え、アコルの谷を希望の門とされよう（二17）、というのです。荒野に豊かなぶどう園が育つはずはありません。しかし、ホセアの目には、あの荒野時代こそはほんとうの意味で豊かな時代であったと映ったのです。アコルの谷とは、沃地の戦利品を自分の所有物にしようとしたアカンが民から断たれた場所です。自分だけの豊かさの追求が断ち切られた場所です。つまり、豊かさへの憧れを断つことが希望の門になるのだ、とホセアはいうのです。このことが、一二章10節では、エジプトから導き上った時代のように、「ふたたびあなたを天幕に住まわせる」、とも表現されます。そのとき、イスラエルの民は神ヤハウェの花嫁になります（二18）。

神ヤハウェは、また、動物たちと契約を結びます（二20）。この二章20節は、しばしば、動物たちが人間に危害を及ぼすことはなくなる、と解されてきましたが、おそらく、そうではありません。人間の堕落によって危機に瀕した自然（四3）もまた回復される、ということです。そして、この地に平和が訪れ、正義と公平が実現します。何よりも、新たに結ばれた契約によって一旦は失われた「真実と慈愛と神を知ること」が神から与えられるのです（二21―22）。

このようなホセアの救済預言は新約聖書の信仰と希望の予表です。「淫行の霊」に囚われている私どもをイエス・キリストが「淫行の霊」から解放してくださる、という信仰の予表です。罪の汚辱にある私どもがイエス・キリストを通して神の霊を与えられ、きよめられ、被造物ともども、神の子の栄光にあずからせていただける、新しいイスラエルである神のエクレシア（「教会、集会」）に、キリストの花嫁たるエクレシアに、私どももまた連ならせていただける、という希望の予表なのです。

7

以上、預言者ホセアについて、少しく学ばせていただきました。わたしの申し上げようとしたことはこれで尽きるのですが、本日は内村鑑三記念キリスト教講演会ですので、最後に、無教会信仰について、預言者ホセアの学びに即して、個人的に思うところを一点だけ申し述べさせていただきます。それは、演題にも掲げました「歴史と信仰」ということです。

いうまでもなく、キリスト教信仰は、イエス・キリストに心動かされた私ども個々人の内的決断にはじまる生きる心の構えです。イエス・キリストを仰ぎ見つつ歩む私どもの祈りです。しかし、信仰が内面の消息にのみ終始し、歴史へのまなざしを欠くときに、しばしばそれは、深みがあるようにみえて、じつは自己満足にほかならない神秘的な境地に私どもを誘い込むものです。信仰が自我の内面に閉じ込められてしまうことも少なくありません。内村鑑三以来の無教会信仰は個人の内面を重視してきましたが、こうした神秘主義的方向に向かうことはありませんでした。私どもの生きる社会という場から信仰を遊離させなかったからです。歴史への視座を欠くことがなかったからだ、ともいえましょう。歴史への視座とは、この場合、歴史的に形成されてきたと同時に、また形成されつつある社会への私どもの自覚的な関わりです。

しかしながら、他方で、歴史への視座は、つまり社会との関わりは、しばしば一人歩きしてしまいます。社会改革が、否、社会改革運動自体が自己目的化するのです。内村鑑三をはじめ、無教会信仰に立った先輩方の多くは社会に批判的に関わりましたし、良心に発する社会改革の運動を最大限に評価し、これを支援し、これを担われました。いまなお、そうした働きが各地で様々になされていることは、皆さまがご存じのとおりです。自らは無力そのものであるわたしなどもまた、そうした働きに身を挺している方々の祈りに加えさせていただきます。しかし、そうした社会的実践を絶対化したり、これを自己目的化することは、無教会の伝統にはありませんでした。歴史への視座はしっかり保ちながらも、信仰を歴史に、あるいは祈りを社会的実践に解消させてしまうことはなかったからです。

さきに、預言者ホセアにおいて、内面への視座と歴史への視座とが切り結ぶ原点は「出エジプト」とそれに続く「荒野の時代」であった、と申しました。これに沿って申しますと、内村鑑三以来の無教会の聖書信仰において、内面への視座と歴史への視座とが切り結ぶ原点はかのナザレのイエスの十字架のほかになかった、ということです。イエスの十字架が私どもの歴史と信仰の原点です。私どもの歴史へのまなざしと信仰へのまなざしはそこに収斂し、またそこから社会へと、未来へと開かれてゆくのです。そして、私どももまた、神の国の完成を望みつつ、十字架上でイエス・キリストが果たされた贖罪のみ業の一端を、それぞれに与えられた社会の一隅でささやかに担わせていただきたいと念ずる次第です。

（内村鑑三記念講演会、一九九九年三月二一日）

主はわが牧者――ヤコブの生涯に学ぶ

このたびは、由緒ある札幌独立キリスト教会創立記念にお招きいただき、光栄に存じます。わたしはこれまで旧約聖書を学びの中心に据えてきました。そこで、「ヤコブの生涯に学ぶ」との題を掲げました。ご一緒にイスラエルの民の父祖の一人ヤコブの生涯をなぞってみたいと思います。しかし、その前に、創世記一二章からはじまるアブラハム、イサク、ヤコブと続く父祖たちの物語に関して、一般的な事柄に触れておきましょう。

その一つは、物語の史実性という問題です。アブラハムは一七五歳、イサクは一八〇歳、ヤコブは一四七歳まで生きた、と記されるので、こうした年齢を事実として受けとめる読者は少ないと思いますが、物語がどの程度に史実を反映しているのかという点に関しては微妙です。研究者の間でも、意見が大きく分かれています。

古くは、アブラハムを前一八〇〇年頃の人物とみる研究者がいました。創世記一四章に言及されるメソポタミアの王の一人アムラペルを「法典」で有名なバビロンの王ハンムラビと同一視したからです。それに対して、子どもを授からない妻サラが仕え女ハガルを夫アブラハムに与えるといった物語は、前一四世紀頃のメソポタミアの法習慣を前提にするという見解もあり、同じく前一四世紀頃に東地中海世界が国際化した「アマルナ時代」が物語の背景となっている、との見解もありました。また、出エジプトの年代から遡って父祖の年代を計算する研究者もいますが、じつは、出エジプトの年代自体も前一四〇〇年代とみるか、一二〇〇年代とみるかで、見解は分かれます。

要するに、父祖たちの時代は歴史的に確定できていないのです。それは物語の史実性が証明されないからです。父祖たちの物語が古い伝承に基づくことは否定できませんが、物語は過去の事実を伝えているのではありません。そこには、むしろ、これを伝えた古代イスラエルの信仰者たちの自己理解が込められているのです。古い伝承を用いながら、自分たちと重ねることのできる人物像を造形したといってよさそうです。

じっさい、そういう観点から物語を読むことによって、物語の意味合いをより豊かに汲み取りうるのではないかと思います。

ところで、アブラハムは七五歳でカナンに移住して二五年後、一〇〇歳になって息子イサクが与えられます。イサクは四〇歳でリベカと結婚し、六〇歳でヤコブをもうけます。そのヤコブは一三〇歳のときに一族とともにエジプトに下ります。したがって、父祖たちがカナンに滞在した期間は二一五年（二五＋六〇＋一三〇）と計算されます。この数は偶然ではなさそうです。イスラエルの民がエジプトに滞在した四三〇年（出一二41）のちょうど半分だからです。この四三〇年という年数は、出エジプトからダビデ王朝樹立まで、さらにダビデ王朝樹立から王朝消滅まで、その後のイスラエルの歴史の区切りの長さとも関連しますが、その点には深入りしないことにしましょう。

数字に言及したついでに、アブラハムがハランを出立したとき七五歳であったことには触れておきましょう。というのも、創世記一一章の最後に、テラはハランで二〇五歳の生涯を閉じたと記され、その後にアブラハムの召命記事が続くので、アブラハムは父テラの死後、カナンに向かったと理解されがちですが、じつは、アブラハムはテラが七〇歳のときの子であったといわれるので（創一一26）、アブラハムが七五歳のときテラはまだ一四五歳であったはずで、その後六〇年生きた計算になります。言い換えれば、アブラハムは父を（そしておそらく母も）見棄てて、出立したのです。七五歳の家出です。じつは、「家を出る」ということは、聖書を貫く主題の一つでもあり、これから学ぶヤコブもまた家を出るのです。「家出」とは自立の過程です。したがって、父祖たちの物語は自立の思想の物語化という面をもっています。

1　ヤコブ誕生、エサウとの確執

ヤコブはエサウとともに双子として、イサクとリベカの間に生まれました。ヤコブは兄の踵をつかんで生まれ出たと記されます（創二五25）。「踵」はヘブライ語でアケーブ。そこからヤコブ（ヤアコーブ）と名づけられました。アケーブと同語根の動詞アーカブは「(人を)出し抜く」「騙す」といった意味で用いられます。じじつ、ヤコブは成長して、兄エサウからまんまと長子権を取り上げ（創二五27－34）、兄エサウになりすまして、父イサクから祝福まで奪い取ってしまいます（創二七18－40）。

兄エサウは南方のセイル地方を故地とする後のエドム人の始祖となるので、物語にはそれを示す語呂合わせが挿し挟まれます。エサウは「毛深かった」といわれますが、セアル「毛」はセイルと重なります。また、「赤かった」といわれ、豆を煮た「赤いもの」を欲したといいますが、アドモニ「赤い」、アドム「赤いもの」はエドムを暗示します。ヤコブとエサウの確執には、後のイスラエルとエドムとの対立や抗争の歴史が映し出されています。エドム人は、モアブ人やアンモン人と同じく、イスラエルと南で境を接する近隣民族であり、その歴史と文化にはイスラエルのそれと近いものがありました。そこで、モアブ人とアンモン人がアブラハムの甥ロトの子孫とされたように、エドム人はヤコブの兄弟として物語化されたのです。

それと同時に、ヤコブとエサウの物語は、カインとアベル、イサクとイシュマエル、ヨセフと兄弟たち、さらにはダビデやソロモンの物語まで、聖書に少なくない、弟が兄を凌ぐ物語に連なります。なかでもヤコブとエサウの物語の背後には、家督を継承する長子権のもとで、両親をも巻き込みかねない兄弟間の確執という社会的事態が横たわっていたのかもしれません。物語は、父イサクはエサウを愛し、母リベカはヤコブを愛したと伝えています。子どもへの偏愛が悲劇をもたらすことは、古代も現代も変わりません。

ヤコブがエサウを装って父イサクの祝福を奪う記事には、物語全体からみますと、不自然さが見受けられます。子山羊の毛皮を毛深いエサウの肌と間違えたのは、イサクが老衰で目が見えなくなっていたからだと語られますが、仮にこの時点でヤコブが三〇歳であったとすれば、イサクは九〇歳、その生涯年一八〇歳からすれば、老衰にはあまりに早すぎます。このような不自然さは、物語自体と年齢の記述が別の発想に基づいていること、言い換えれば、父祖たちの物語には複数の層位が重なっていることを示しています。

それはともあれ、兄エサウを出し抜いたヤコブの行動はけっして褒められたものではありません。エサウはヤコブを憎み、殺意を抱くようになったと記されますが（創二七41）、ふつうの読者であれば、それでもなお、ヤコブの狡猾さにいやらしさを感じ、エサウのほうに同情を寄せるにちがいありません。ヤコブは兄の憎悪と殺意をおそれ、母リベカの勧めもあって、母の故郷パダン・アラムに逃避行することになります。その際、エサウと違って、ヤコブにはカナンの娘と結婚させせまいとするリベカの意図があったことが暗示されます（創二七46、二八6—9）。それは一種の排他的純血主義に通じます。

この種の排他性は旧約聖書のほかの箇所にも、ときに露骨な顔を覗かせます（申七1―5、ヨシュ二三12―13、ネヘ一三23―27など）。しかし、もう一方で、イスラエルの民の間には異民族の血が混入していることを旧約聖書は隠そうとはしません。出エジプトには「種々雑多の人々」が加わっていました（出一二38）。ダビデの曾祖母はモアブ人ルツでした。ソロモンの母バトシェバも「ヘト人」の妻でしたから、おそらくイスラエル人ではなかったでしょう。彼を継ぐレハブアムの母はアンモン人であったと明記されます（王上一四21）。つまり、ダビデ王家からして、すでに草創期に、異民族の血が混じっているのです。旧約聖書には、このように、一方に偏狭な民族主義があり、他方には自民族にとらわれない記述がみられます。それが旧約聖書の特色の一つです。旧約聖書は多くの事柄に関して複眼的なのです。

2　ヤコブの夢

ベエル・シェバから母の故郷へと出立したヤコブは最初の夜を野宿します。そこで夢を見、神の顕現に接します（創二八10―22）。夢は、天から地上に架けられた梯子をみ使いたちが上り下りする夢でした（同12）。

この梯子に関連して、芥川龍之介が興味深い文章を残しています。彼は一九二七年七月二四日に睡眠薬で自死しますが、その直前に執筆した作品が『西方の人』と『続西方の人』でした。「西方の人」とはキリストのことです。その『西方の人』において「クリストの一生」と題して、次のような短文を記しました。

クリストの一生は見じめだった。が、彼の後に生まれた聖霊の子供たちの一生を象徴していた。……クリスト教はあるいは滅びるであろう。少くとも絶えず変化している。けれどもクリストの一生はいつも我々を動かすであろう。それは天上から地上へ登るために無残にも折れた梯子である。薄暗い空から叩きつける土砂降りの雨の中に傾いたまま。

ここにみる「天上から地上へ登るために無残にも折れた梯子」という不思議な表現について、芥川研究者の間で議論があるそうです。「天上から地上へ登る」を「地上から天上へ登る」の書き間違えとみる単純な解釈もありますが、ヤコブが夢で見た梯子は、新共同訳「地に向かってのびており」に示されるように、天から地上に架けられた梯子（新共同訳は「階段」）でした。芥川はそのことを知っていたのだと思います。では、それをどこから知ったのか。芥川は、晩年、内村鑑三の講筵《こうえん》に連なっていた室《むろ》賀《が》文武《ふみたけ》から聖書や内村のことを親しく聞いているので、そのときに知ったのかもしれません。室賀は芥川が子どものときに世話をしていた人でした。

ともあれ、天から地上に架けられた梯子の夢を見たヤコブは、傍らに立つ神ヤハウェから約束を告げられます（創二八13－15）。その約束の内容は、土地授与と子孫増加、そして、ヤコブとその子孫によって地上のすべての民族が祝福される、というものでした。じつは、この三つの約束は、父祖たちへの約束の定型といってもよく、アブラハムにも、イサクにも同様の約束が与えられています（創一二2－3、7、一三14－16、二六3－4など）。このなかで、土地授与と子孫増加は論じられることが多いのですが、あらゆる民族の祝福の基になるという約束はこれまであまり注目されてきませんでした。しかし、この点にこそ、旧約聖書を残した古代イスラエルの民の信仰の特色がみられるように思います。

イスラエルの民は、古代西アジア史からみれば、弱小の一民族にすぎませんでした。彼らはエジプト、アッシリア、バビロニア、ペルシアといった強大国に翻弄され続けました。ヘレニズム期も同様でしたし、最後はローマによって属州ユダヤは滅びるのです。イスラエルが弱小の民であったことは、彼ら自身が自覚していました。神ヤハウェがイスラエルの民を選んだのは、彼らが弱小の民であったからである、と申命記に記されています(申七6―7)。ところが、父祖たちに与えられた神からの約束によれば、その弱小の民が地上のあらゆる民族の祝福の基となる、というのです。それは、イスラエルの民が人類史的な視座から自らの使命を自覚したことを示しています。そうした視座は、いうまでもなく、万物の創造者にして、地上の歴史を差配する唯一の神への信仰に基づいています。そして、そこに聖書の唯一神信仰の重要な特質があらわれます。

当時、西アジアで絶大な権力をふるったエジプトやメソポタミアの大国は旧約聖書をはるかにこえた膨大な文字資料を残しています。そこに、彼らが世界の支配者であり、彼らの国が世界の中心である、という思想を見出すことはむずかしくありません。しかし、自らの歴史的使命を人類史のなかに位置づけるような思想はそこにはみられません。優れた哲学や文学を残したギリシア人でさえ、異邦の民をバルバロイと呼んでいます。それに対して、古代イスラエルの父祖たちの物語は人類史という視座から自分たちの果たすべき役割を受けとめているのです。

創世記は父祖たちの物語に先だって、神話的色彩の濃い太古の人類の出来事を物語りますが、それらはすべて「人類」という視座から物語られています。当時、知られていた諸民族を一覧にした記事もみられます（創一〇）。しかし、そこにはイスラエルという名さえありません。

これら旧約聖書の冒頭に置かれた「原初史」と呼ばれる物語群と、たとえば『古事記』に伝えられる日本の「国生み」神話とを比較してみれば、両者の違いは明らかです。いずれも世界のはじまりを伝える神話ですが、前者は特定の民族や国土ではなく、あくまで人類の太古の物語です。伊邪那岐《いざなぎ》と伊邪那美《いざなみ》によって日本国土が生み出されてゆく神話には、世界や人類はもとより、当時すでによく知られていた北東アジア世界への関心もみることはできません。その違いのおおもとに、古代イスラエルで育まれた、世界を創造し、人類の歴史を差配する神への信仰があることはいうまでもありません。

そういう私たちも、人類史的視座からこの国日本の歴史的使命を考えることをしなくなりました。しかし、一二〇年ほど前、ここ札幌独立キリスト教会と関係の深い内村鑑三は、日本の人類史的位置を見きわめようとし、日本の「天職」を論じました。彼は不敬事件により職を失った一八九〇年代、後世に残る名著を何冊も著しましたが、後に『地人論』と改題される『地理学考』において、世界の地理と歴史をふまえつつ、神が日本に与えたはずの「天職」を確かめようとしています。この時期の彼は、一方で、『余は如何にして基督信徒となりし乎』において自らの信仰をみつめなおし、他方で、明治政府が声高に掲げた富国強兵とは別のところに、日本に神から与えられているはずの人類史上の使命を考えていました。

ヤコブ物語に戻りますと、天と地を結ぶ梯子の夢のなかで、神から約束を与えられたヤコブは、目覚めて、そこを「天の門」と呼び、ベテルすなわち「神の家」と名づけました。このベテルが後に北イスラエルの国家聖所となるのですが、物語の成立史からみると、その逆です。この物語は、むしろ、ベテルの聖所の起源を語っています。つまり、ベテルの聖所に伝えられた古い伝承がこの物語の基礎になっています。

3　ラバンのもとで

ヤコブはベテルから旅を続け、母リベカの故郷に着きます。とある井戸で、ラケルと出会います。羊の群れに水を飲ませる井戸は、乾燥地帯の牧羊民にとって出会いの場でした。井戸での出会いは、リベカの場合（創二四15以下）、モーセとチッポラの場合（出二16以下）などにもみられます。ヤコブが井戸で出会ったラケルは母リベカの兄ラバンの娘でした。つまり、ヤコブにとっては母方の従妹でした。ラバンのもとに逗留することになるヤコブは、ラケルを愛し、ラケルと結婚するために七年間ラバンに仕えますが、最初にあてがわれたのは姉のレアでした。エサウを欺いたヤコブがここでは義父ラバンに欺かれます。ヤコブはラケルを妻とするためにさらに七年間、伯父ラバンに仕えなければなりませんでした。

こうして二人の妻を得たヤコブは次々と子どもをもうけます。レアは長子ルベンをはじめ六人の息子を、その仕え女ジルパとラケルの仕え女ビルハはそれぞれ二人の息子を生みます（創二九31以下）。最後に、ラケルにもヨセフが授かります（創三〇23―

24)。ヤコブに愛されたラケルは、後に、カナンに戻ってもう一人の息子を出産し、ベニヤミンと名づけますが、そこで息を引き取ります（創三五16―18）。これらヤコブの息子たちが後のイスラエル一二部族の父祖となることは周知のとおりです。

ラバンに二〇年仕え、一家を構えるようになったヤコブは、家族とともに、逃げるようにしてカナンの地に戻ろうとします。しかし、それを許そうとしない義父ラバンの追跡があり、ラバンを説得するための駆け引きがありました。そのなかに、ラケルがラバンのテラフィムを盗むといった挿話が挿し挟まれます（創三一19以下）。新共同訳聖書が「守り神」と訳すテラフィムが、具体的にどのような「もの」であったのか、詳しいことはわかっていません。最後に、ヤコブは追跡するラバンとの間で契約を交わしました（創三一43―54）。

契約の内容は、ヤコブがラバンの娘以外の女性と結婚しないこと、そしてラバンとヤコブの間は相互不可侵とすることの二点でした。そして、契約の証拠として「石塚」が築かれ、食事を共にします。「石塚」はガル・エドと呼ばれ、ヨルダン川東岸の地名ギルアドの起源説明となっています。契約締結の際の共同の食事は、イサクとアビメレクとの契約（創二六30）、シナイの契約（出二四11）などにもみられ、契約締結を確認する当時の習慣であったようです。こうした習慣は、「最後の晩餐」にも引き継がれています。イエスは十字架に処刑される前日の夕、弟子たちとともに食事をし、「新しい契約」について語ったと伝えられます（ルカ二二20、一コリ一一25）。

古代西アジアは契約社会でした。すでにハンムラビ法典に、契約を交わさない婚姻は婚姻として認められない、といった条文がみられます。楔形文字資料には国家間の条約から個人間の様々な取り交わしまで、多種多様の契約文書が残されています。古代イスラエル社会もそうした伝統を引き継いでいました。そればかりか、神と民の関係も「契約」として理解されました。旧約聖書には、ノアの契約、アブラハムの契約、シナイ契約、シケム契約、ダビデ契約などにみられるように、契約が宗教思想として語り出されたのです。預言者エレミヤは、イスラエルの民が無効にしてしまったシナイ契約に代わる「新しい契約」が結ばれる時代の到来を預言しました（エレ三一31―34）。その預言がイエス・キリストによって成就したと信じる人々の間に、ユダヤ教とは区別されたキリスト教が成立してゆくことはいうまでもありません。

4　エサウとの和解、ベテル再訪

カナンに戻ったヤコブは、まず、兄エサウとの和解を画策します。エサウのもとに使いを出し、エサウへの贈物を準備します。贈物をもってエサウの怒りを解こうというのです。それでも不安をぬぐい切れないヤコブは、贈物を先に行かせ、妻子を次に行かせ、自分はヤボクの渡しの手前に残ります。

そこに神の使いとおぼしき人物が現れ、ヤコブと格闘する、という奇妙な物語が挿し挟まれます（創三二23―33）。その人物と格闘して、祝福してくれるまでは離さない、とすがるヤコブに「イスラエル」という新しい名が与えられます。その名が「神と闘う」というヤコブの行為から説明され、ヤコブはその場所の名をペヌエル「神の顔」と名づけました。この奇妙な挿話の意味を解くことは容易ではありませんが、明らかなこともあります。

そのひとつは、ヤコブの別名イスラエルが「神と闘う」という意味に由来するとの説明です。そのことは、同時に、神の祝福を得るために格闘したヤコブの生涯を象徴しているかのようです。預言者ホセアもこの逸話を短く伝えています（ホセ一二5）。また、イスラエルの民の間に動物の腰の肉は食べないという習慣があり、その起源を説明する物語にもなっています。み使いがヤコブの腰のつがいの部分に触れたので、ヤコブは足を引きずったからだというのです。さらに、この場所がペヌエルと名づけられたことも重要です。ペヌエルは、ソロモンの死後、王国が南北に分裂し、北王国の王となったヤロブアムが首都として築いた町でした（王上一二25）。ペヌエルに関して、それ以上のことは伝えられていませんが、一時期、そこに北王国の聖所がおかれていたはずです。ヤコブの夢が聖所ベテルの起源伝承を基にしていたように、ヤコブとみ使いとの格闘の物語は、古くは、聖所ペヌエルの起源を伝える伝承として伝えられていたと推察されるのです。

ペヌエルで「神と闘った」ヤコブは、エサウと会うために妻子を連れてゆきますが、その際、二人の仕え女とその子らを最初に、レアとその子らを次に、ラケルとヨセフを最後に、という順序で進ませています（創三三1－2）。それはヤコブの用心深さからではありません。むしろ、猜疑心から解放されないヤコブの安全を図る自己中心主義的行動であったと読めましょう。エサウはそれとは対照的です。彼は走ってきてヤコブを抱きしめ、首を抱えて接吻した、と記されます（同４）。弟と再会した懐かしさと喜びのなかで、弟に欺かれた過去など忘れてしまったかのようです。そして、弟ヤコブを自分の住むセイルへと招きます。ところが、疑り深いヤコブは「ゆっくり伺います」と兄に答えるものの、兄のもとを訪ねようとはしませんでした。このくだりには、素朴であっけらかんとした性格のエサウと猜疑心をはたらかせるヤコブの性格の違いが見事に描き出されています。その後、父イサクの埋葬のときまで二人が出会うことはありませんでした。

エサウとの和解を果たした後、ヤコブと一族はベテルを訪れますが、その前に、一族はシケムで持っていた異教の神々を木の下に埋めたと伝えられます。シケムで異教の神々を除く記事はヨシュア記にもみられます（ヨシュ二四23）。シケムもまた、ペヌエルと同じく、一時期、北イスラエルの主都となった場所です（王上一二25）。古くはカナン人の聖所がおかれた町でした（士九46）。したがって、この小さな記事もまた、シケムの異教聖所がイスラエルの聖所となった古い伝承を反映させているのだと思われます。その際、テラフィムもそこに埋めたのかどうか、物語は明言していません。

シケムを経てベテルを再訪したヤコブは、そこに祭壇を築き直します。すると、ふたたび神がヤコブに現れ、再度、土地授与の約束を与えます。その後、ラケルがベニヤミンを出産して死ぬことについては、すでに触れました。父イサクの埋葬には、ヤコブとエサウが兄弟して携わります（創三五29）。それは、アブラハムの埋葬にイサクとイシュマエルが、ヤコブの埋葬には息子たち全員が協力するのと似ています（創二五9、五〇12）。こうした記事は、親の死が確執のあった兄弟を結びつけたことをさりげなく伝えています。

5　ヤコブの晩年

晩年のヤコブは、創世記三七章からはじまるヨセフ物語のなかで、描き出されてゆきます。ヤコブはラケルの子ヨセフを溺愛し、図に乗るヨセフを兄弟たちは隊商に売り渡してしまいました。山羊の血に染まるヨセフの衣を見せられたヤコブは彼が野獣に引き裂かれたと信じ込まされ、「わが子のもと、冥界に降ってゆこう」とまで言って嘆きました。山羊の毛皮をもって父イサクを欺いたヤコブは、山羊の血によって息子たちから騙されるのです。

続いて、数奇な運命を経てエジプトの宰相にまで上りつめてゆくヨセフが物語られ、飢饉のために穀物を求めてヨセフのもとに行く兄弟たちとの駆け引きが描かれてゆきます。そのなかで、息子シメオンを人質に取られ、ヨセフの弟ベニヤミンまでもエジプトに連れていかれることを知った老ヤコブが悲痛な声を上げます。彼はヨセフの兄弟たちに「お前たちは白髪のこのわしを悲嘆にくれたまま冥界に降らせる」と嘆くのです（創四二38）。しかし、最後は、すべてを神に委ね、覚悟を決めました（創四三14）。

ところが、そのヤコブに兄弟たちが意外な知らせを届けます。ヨセフはなお生きていて、エジプト全土の宰相になっている、というのです。それを聞いたヤコブは、信じることができず、気が遠くなった、と物語は記しています（創四五26）。

こうしてヤコブは一族とともにエジプトに移住することになり、エジプトでヨセフと再会を果たしました。物語は、首に抱きついて泣くヨセフに向かって、「わしはもう死んでもよい、お前がまだ生きており、そのお前の顔を見たのだから」とヤコブに語らせています（創四六30）。ファラオに謁見した際には、生きた年月を問われて、「わが寄留の日々は一三〇年。生きた年月はわずかで、苦難に満ちていました」と答えます（創四七9）。その後、彼はヨセフの二人の息子を祝福し（創四八章）、一二人の息子たちそれぞれへの「祝福」の言葉を残しました（創四九章）。これら、子や孫に語ったヤコブの言葉には、後の一二部族の個性や歴史をふまえた古い部族の歌が用いられています。

死期を迎えたヤコブは、死後、アブラハムが妻サラのために購入して彼自身も葬られ、また父イサクと母リベカが葬られたマクペラの洞穴墓に自分を埋葬してくれるように息子たちに遺言を残して、息を引き取りました（創四九29―33）。こうした記事は、古代イスラエルの人々の墓制の基本が家族墓であったことを示しています。じじつ、考古学調査によって発見される古代イスラエルの墓の多くは、岩盤を刳《く》りぬくようにして造られた家族用の洞穴墓でした。

ヤコブの葬礼は七日間続いたと伝えられ、後のサウルの場合も七日間でした（サム上三一13）。古代メソポタミアでも葬儀は七日続くのが一般的でしたから、イスラエルにそうした習慣が受容されていたのです。

6　ヤコブ物語の特色

以上、ヤコブの生涯をテクストに沿ってなぞってみました。最後に、ヤコブ物語全体の特色を考えてみましょう。

アブラハム、イサク、ヤコブと三代続く父祖たちの物語はいずれも、神ヤハウェから子孫増加と土地授与の約束を与えられて、潜在的な生存の危機を生き抜く牧羊者を描いています。人間的な弱さや醜さを引きずりながら、神の約束と神の隠れた導きに支えられて生きる信仰者の姿がそこに映し出されます。しかし、語り方において、父祖たちの間には多少の違いが認められます。アブラハム物語は、時系列に沿って彼の生涯を描くというよりは、彼にまつわる種々の出来事を伝える逸話集のような性格がみられます。イサクを主人公とする物語は最も短く、ベエル・シェバを舞台にした三つの逸話が創世記二六章にまとめられました。それに対して、ヤコブ物語は最も長く、個々の逸話はすべてヤコブの生涯のなかに位置づけられ、ヤコブという人物が映し出されるのです。

アブラハム物語が全体として家族存亡の危機を乗り越える物語であるとすると、ヤコブ物語は一族を形成する物語です。そこには一方に、手段を選ばず、駆け引きも厭わず、「祝福」を手に入れようとし、災いを幸いに変えてゆく策略家の姿があります。しかしその対極に、最愛の妻を失い、子どもたちに欺かれる父親の悲哀が書き留められてもいます。そして、そのいずれの背後にも、神の隠れたはたらきがあることを物語は暗々裏に示そうとするのです。このようなヤコブの物語は、古代イスラエルの多くの人々が自らの人生を重ね合わせて読むことのできるように編まれている、といっても過言ではありません。

これを裏づけるかのように、物語にはヤコブの思いが様々に表白されています。溺愛する息子ヨセフが死んだと思わされたヤコブの深い嘆きがその一つです（創三七35）。死んだはずのヨセフと再会したときの言葉はすでにみたとおりです。ファラオから、何歳になるかと聞かれたとき、ヤコブが、わが人生は短く苦難にみちていた、と応答したことにも触れました。それに加え、ヨセフの二人の息子マナセとエフライムへの祝福を神に願うとき、ヤコブは神に「今日までわが生涯を通してわが牧者であられた神よ」と呼びかけていますが、そこにもまた、苦しい道のりを越えてきた感懐が込められています（創四八15）。こうしたヤコブの感懐は、古代イスラエルの多くの信仰者たちの思いと重ねられたにちがいありません。ヤコブがイスラエルと名乗るようにと言われたことは、ゆえなきことではありませんでした。

7　ヤコブ物語と伝承

最後に、このようなヤコブ物語に、様々な伝承が組み込まれていることをあらためて確認して、講演を締めくくらせていただきます。

まず、双子の兄弟エサウとの長子権ならびに父イサクの祝福をめぐる確執は、明らかにイスラエルとエドムとの間の微妙な歴史的・民族的関係を反映させています。微妙な関係というのは、エドムはダビデに隷属したと伝えられ（サム下八13―14）、バビロニアによるユダ王国滅亡の際にはユダに攻め込んだらしく（エゼ三五5、詩一三七7他）、エドムに対する審判預言も様々に語られるのですが、もう一方で、エドム人はイスラエルの「兄弟」とされ（申二三8―9）、イスラエルの神ヤハウェはエドムの地セイルから顕現されると詠われるからです（申三三2、士五4）。そうした微妙な関係がヤコブの物語に投影されているようです。その点、近隣民族のなかで、ロトの娘が父親と交わって生んだ息子たちの子孫と伝えられるモアブ人やアンモン人とは異なります。ハスモン朝時代（前二世紀末葉）、イドゥマヤ人（＝エドム人）は強制的にユダヤ教に改宗させられています。

次に、ヤコブ物語は、アブラハムやイサクの物語以上に、聖所起源伝説を取り込んでいます。すでに触れたベテル、ペヌエル、シケムにおける出来事がそれです。また、ラバンと契約を結んで、ガル・エド「石塚」をその証拠としたという物語なども、ギルアドに定住したイスラエル部族（ヨシュ二二9）の間で伝えられていた伝承であったとみられます。これらはすべて北イスラエルで伝えられていた伝承です。また、ヤコブはヨセフの下の息子エフライムにヨセフの長子としての祝福を与えますが、エフライムは北イスラエル王国時代の最有力部族でしたし、北王国はエフライムとも呼ばれていたのです（ホセ五13他）。こうした事実は、ヤコブ物語がまずは北イスラエルで伝えられていたことを示しています。北イスラエルの預言者ホセアが一度ならずヤコブ物語に言及していることからも、そのことは確認できましょう。

（札幌独立キリスト教会創立記念講演、二〇〇六年）

旧約聖書と現代——一神教は暴力的か

1　最近のキリスト教批判から

日本におけるキリスト教批判はキリシタン時代にまで遡りますが、一九八〇年代半ばからでしょうか、ふたたび、キリスト教に対する批判的言辞が頻繁になってきました。最近のキリスト教批判のひとつに、高度産業社会の発達にともなって地球規模で起こっている自然破壊や環境汚染がキリスト教的世界観と深く関わっている、という議論があります。

創世記一章に描かれる天地創造物語には、万物創造の最後に神は人間を大地の支配者として創造した、と伝えられています。このように自然と人間とをはっきりと区別し、人間を自然の主《あるじ》と位置づける思想のもとでは、自然はあくまでも人間の客体として、人間とは区別されますから、これを客観的に観察してその法則や原理を発見する科学的態度が育ちやすい。それに対して、人間と自然を渾然一体の世界として受け止める伝統の支配する文化的土壌には、自然を客観的に観察するといった態度は生まれにくいともいえます。自然科学がほかならぬキリスト教圏で発達した、という歴史的事実もこれと大いに関係しているでしょうか。そして、そうした自然科学の発達は産業に応用され、社会の高度産業化を生み出しました。それは、一方で、便利で快適な現代社会を出現させましたが、他方では、近年の行き過ぎた自然開発や工業化が地球規模の自然破壊や環境汚染を招来させることになりました。自然破壊や環境汚染の直接的原因は行き過ぎた産業の発達でしょうけれども、その背後には、自然は人間生活の便利さや快適さのために利用しても、いや利用し尽くしてもかまわないといった、近代の人間中心的な発想がある。しかも、そうした発想は人間を自然の支配者と位置づけるキリスト教的人間中心主義に由来する、といわれるのです。つまり、キリスト教こそは自然破壊や環境汚染の思想的元凶である、とみなされます。

それに対して、人間をあくまでも自然の一部と考え、人間を自然に融合させることに最高の生き方やすぐれた思想的境地をみようとする東洋の伝統こそ、いま、あらためて見直すべきではないか、と主張されます。あるいは、日本古来のアニミズム的世界観から人間と自然の共生の思想を取り出しうる、というわけです。

もうひとつのキリスト教批判は、その一神教的発想に関わります。唯一神を奉じるキリスト教（さらにはユダヤ教、イスラム教）の伝統のなかでは、物事を「一元的」に価値判断する傾向が強くなる。それは「善悪二元論」につながり、その信仰者たちは自らを正義の立場におき、異教徒を悪と断じる独善的排他主義に陥りやすい。そして、他者を断罪する非寛容な態度は敵を殲滅《せんめつ》する戦争を安易に容認することになる。そういう意味で、一神教は多神教よりも暴力的である、と断罪されるわけです。一神教の普及した社会は本質的にそうした問題を抱えているのであり、宗教を批判したはずのマルクス主義などにおいても、そうした一元的発想は引き継がれている。それに対して、そもそも多くの神を祀る多神教世界はそうではない。そこでは、はじめから、多元的な価値が許容されるのである。それゆえ、そうした多神教的発想のほうが、むしろ、多元化した今日の社会に適合的なのだ、というわけです。

このように、西欧のキリスト教的世界観を東洋もしくは日本の思想と対置し、後者によりすぐれた可能性を見ようとする見解には、敗戦後の混乱から半世紀を経て経済大国にまで上りつめた日本人の自信と、その間、欧米を模範としたがゆえに忘れかけていた自らの精神土壌への哀惜とが、綯《な》いまぜに投影されているようにわたしには思われます。とくに、敗戦後の日本では、しばらく、様々にアジアの後進性が指摘されました。あるいは、西欧的な近代化を「魔術からの解放」と捉える論調においては、しばしば、その基盤となる個の確立とプロテスタント的な絶対神信仰との深い関わりが指摘されました。わたしなどは、学生時代、そうした論に耳を傾けた最後の世代に属します。そうしますと、昨今のキリスト教は、戦後半世紀を経て、日本人がこうした西欧による呪縛から解かれつつあることを示しているのかもしれません。

それにしても、これらのキリスト教批判自体はあまりに杜撰《ずさん》です。本日の講演の主旨はそうした批判に対する再批判でも、キリスト教擁護でもありませんので、逐一述べることはいたしませんが、以上に述べた二つの批判に対して、それぞれ一点ずつ、問題点を指摘しておきましょう。

まず、キリスト教が自然破壊の思想的元凶であるとの論に対しては、人間を自然の主人と位置づけるキリスト教は今日のヨーロッパにおいて、人間は自然の保全に責任を負うという政策的実践課題として引き継がれている、ということを指摘しておきましょう。一九七〇年代後半の五年余のドイツ留学中、わたしは、個人的にも、自然とくに森に対して抱くドイツの若者たちの愛着と責任感とにしばしば感服させられたものでした。それに対して、帰国して日本の大学に勤めはじめた一九八一年以降、総じて、日本の大学生たちがあまりにも自然に冷淡であることに驚かされてきました。問題は、したがって、論者たちが主張する自然と人間の共生を旨としたはずの日本の伝統の脆弱さです。自然と人間の調和や融合に日本文化のひとつの特色があるとすれば、そうした特色が近代化のなかで若者たちの内面からもろくも瓦解してしまったという問題です。時代を少し遡りますと、日本における公害の第一号といわれる足尾鉱毒事件を視察し、それをもたらした「人間中心主義」を厳しく糾弾したのはほかでもない、キリスト教信仰を標榜した内村鑑三でした。

一元的な一神教的発想より、多元性を認める多神教のほうがすぐれているという議論に対しては、ここでは、そうした議論の仕方そのものがじつは一神教的である、とだけ申して、宗教としての一神教成立の問題に移らせていただきましょう。

2　宗教史学における一神教成立史論

宗教という現象が学問的研究の対象となり、宗教学が成立してゆくのは、一九世紀中頃のヨーロッパです。しかし、キリスト教神学の強い伝統のなかで、宗教学が広く大学における研究分野として確立されるまでには様々な軋轢《あつれき》がありました。日本においては、東京帝国大学文科大学に宗教学講座が開設されたのが一九〇五年ですから、欧米の諸大学に比べてもかなり早い時期でした。神学とは異なり、必ずしもキリスト教にとらわれずに、人類の宗教現象を研究対象とした宗教学においては、当初、宗教の起源が論じられました。とりわけ、一九世紀後半は進化論が多くの分野で大きな影響力をもった時代でしたから、宗教学においても、宗教の進化発展が考えられたのです。その代表的な論によると、人類の宗教は精霊信仰などと訳されるアニミズムなどが宗教の原初形態とみなされ、そこから多神教、さらには一神教へと進化したと考えられました。そのほかにも、特定の物体や生き物に特別な力が宿ると信じる呪物崇拝（フェティシズム）、マナと呼ぶそうした力を信仰するアニマティズム（プレアニミズム)、特定の動物や事物を聖なるものとして信奉するトーテミズム、先祖の霊を祀る祖霊崇拝、さらには神霊世界と日常世界を媒介する宗教的職能者を中心とするシャマニズムなどが人類の最古の宗教として様々に論じられました。いずれにせよ、宗教進化論は一神教をいわば宗教進化の頂点に位置づけたのです。こうした宗教進化論に対して、原初、人類は一神教徒であった、と唱える研究者もおりました。より「原始的」な生活をしている社会であればあるほど、そこには天のかなたに存在すると信じられた至高の神への信仰がより明確に残存しているというのです。このような説は原始一神教説と呼ばれています。

一神教は宗教進化の頂点なのか、それとも原始からの宗教の本源的な形態なのか。こうした議論は決着がつかないだけでなく、西欧的な尺度ではかられた未発達の「原始的」部族社会に人類最古の宗教形態を探ろうとする点で、方法論的な問題を抱えていました。また、一神教は理念として存在するのではなく、具体的な宗教として歴史に現れたという事実をふまえた、別の議論も提示されました。そのひとつは、風土論です。つまり、ユダヤ教、キリスト教、イスラム教といった唯一神を奉じる宗教はいずれも西アジアの乾燥地帯を発祥の地とするという事実から、一神教は砂漠の宗教であり、それに対して、多神教は沃地の宗教である、という議論です。生活様式でみると、一神教は牧羊民の宗教、多神教は農耕民の宗教である、ということになります。この議論は、一見、もっともらしく聞こえますが、歴史的事実は必ずしもそうではありませんでした。ムハンマド登場以前のアラビア遊牧民の宗教は一神教ではありませんでしたし、古代メソポタミアの牧羊部族も決して一神教徒ではなかったのです。

他方、歴史的に現れた一神教はすべてその創唱者にはじまるとして、一神教は創唱宗教であるとの主張もありました。イスラム教はムハンマドが、キリスト教はイエスが、ユダヤ教はモーセが、ゾロアスター教はゾロアスター（ザラシュストラ）が唱えたのであり、一神教はいずれも多神教世界に起こった宗教革命であったというのです。しかし、この議論にもまた見落とされている点がありました。ムハンマドはアッラーは唯一と唱えましたが、たとえばイスラム教における天地創造が旧約聖書を踏まえている点、あるいはアラブ人の先祖をアブラハムに遡らせている点だけをとっても、そこにユダヤ教やキリスト教の強い影響があったことは否定できません。ゾロアスター教に関しては、その善悪二元論や終末論は後期ユダヤ教やキリスト教に影響を与えたと言われますが、たとえばアケメネス朝ペルシアの宗教を見ればわかるように、その実態は必ずしも一神教ではありませんでした。また、イエス・キリストは確かに唯一の神を語りましたが、その神観はユダヤ教のそれを継承しています。

このようにみると、一神教の歴史的成立を考える場合、古代ユダヤ教がその最も重要な鍵であるといえましょう。それは、旧約聖書における神観の展開をどのように理解するか、ということでもあります。

3　旧約聖書における一神教の成立

「はじめに神は天と地を創造した」とはじまる旧約聖書は、いうまでもなく、唯一絶対の神を前提にしています。ユダヤ教徒の最も重要な信仰告白文にシェマの祈りがありますが、それは申命記からとられています。「聞け、イスラエル、われらの神は主、主は唯一」(六4)というものです。「主」とは主人という意味ではなく、ヤハウェという固有名詞の特別な読み方です。したがって、元来、この信仰告白は、「聞け、イスラエル、われらの神はヤハウェ、ヤハウェは唯一」でした。固有名詞がなぜ「主」と読まれたかというと、十戒の第三戒に「みだりに、あなたの神ヤハウェの名を唱えてはならない」と命じられていますが、どのような場合が「みだりに」にあたるのかは示されていません。そこで、ユダヤ教においてこの戒めを決して破ることのない方法があみ出されました。つまり、神の名ヤハウェをいっさい口にしないことにしたのです。そこで、聖書にヤハウェという名が記されている箇所はアドナイ（アドニー「わが主」の特別な語形）と読むことにしました。その伝統が旧約聖書の翻訳にも引き継がれ、「主」と訳されてきたわけです。それはともあれ、このように、旧約聖書はヤハウェの唯一性を強く打ち出し、十戒の第一戒「あなたには、わたしをおいて、他の神々があってはならない」にみられるように、ヤハウェ以外の神を崇拝することを厳しく戒めています。

ところが、旧約聖書の成立史という点からみると、このようなヤハウェの唯一性を前面に打ち出す箇所は比較的後代に記されたものであり、旧約聖書を丹念にみてゆくと、そこにはしばしば多神教的な言辞が残されていることに気づかされます。たとえば、申命記三二章に記されたモーセの歌には次のような叙述があります。

いと高き神が国々に嗣業の土地を分け

人の子らを割りふられたとき
神の子らの数に従い
国々の境を設けられた。
主に割り当てられたのはその民
ヤコブが主に定められた嗣業。（申三二8―9、新共同訳）

ここでも、ヤハウェは「主」と訳されているので、これを「ヤハウェ」と読み替えてみると、要するに、この箇所の内容は次のようなことです。いと高き神が大地を国土に分割して、諸民族をそこに割り当てたが、その場合の国土と民族の分割は神の子ら（つまり神々）の数に従ってなされた。そして、ヤハウェに割り当てられたのがその民ヤコブ（＝イスラエル）であった。つまり、ここでは、イスラエルの神ヤハウェは「いと高き神」のもとにある「神の子ら」のひとりとみなされています。また、詩篇八二篇などには天上における「神々の会議」という観念があったことがうかがわれます。「神々の会議」などとは、神を唯一絶対とする一神教的立場からみれば、認めがたい観念でしょう。

イスラエルの民による異教崇拝を厳しく批判したのは預言者たちでしたが、そのひとりミカ（前八世紀末葉）は次のような言葉を残しています。

じつに、あらゆる民はそれぞれがそれぞれの神の名によって歩む。
われらは、永遠にいつまでも、
われらの神、主（＝ヤハウェ）の名によって歩む。（ミカ四5）

預言者ミカによれば、それぞれの民がそれぞれの神を奉じるように、イスラエルの民はヤハウェを自分たちの神として仰がなければならない、というのです。ミカから一世紀ほど後の預言者エレミヤも民の異教崇拝を次のように糾弾しました。

じつに、
キッティムの島々に渡り、そして見よ。
ケダルに人を遣わし、そして調べよ。
見よ、このようなことがあったかどうか、

ある民が神々を取り替えたかどうか、
しかも神でないものに。
だが、わが民は無益なものをもって、
その栄光（＝ヤハウェ）を取り替えてしまった。（エレ二10―11）

エレミヤは、ここで、自分たちの神に忠実な諸民族の例を引いて、神ヤハウェに不誠実なイスラエルの民を糾弾しています。このような発言をみれば、預言者においてさえ、他の神々の存在自体は容認されていたかにみえます。彼らは神ヤハウェとイスラエルの民との排他的関係を掲げましたが、他の民族が他の神々を崇拝することはそのまま容認していたように思われるのです。

このようにみてゆくと、旧約聖書の一神教は、元来、神ヤハウェとイスラエルの民の関係の排他性に重きが置かれているのであって、必ずしも普遍的な唯一絶対神の強調ではなかったことがわかります。そういえば、十戒の第一戒「あなたには、わたしをおいて、他の神々があってはならない」も、申命記のシェマの祈り「聞け、イスラエル、われらの神はヤハウェ、ヤハウェは唯一」も、神ヤハウェの唯一性を存在論的に宣言するというより、ヤハウェとイスラエルの民の関係の独一性を明言したものであることがわかります。こうした神観を宗教学者は、唯一絶対神観（モノセイズム）とは区別して、拝一神観（モノラトリー）と呼んでいます。

旧約聖書において、理論的にも神ヤハウェの唯一絶対性を高らかに詠い上げるのは、研究者が第二イザヤと呼び慣わしてきたバビロニア捕囚期末の預言者が最初です。イザヤ書四〇章以下に残る雄渾な預言詩にそれは残されています。

お前は知らなかったか、聞かなかったか、
ヤハウェは永遠の神、地の果ての創造者。
たゆむことなく、疲れることなく、
その英知はきわめがたい。（イザ四〇28）

わたしこそヤハウェ、他にはいない。
光を造り出し、闇を創造し、
平和をもたらし、災いを創造する。（同四五6—7）

わたしをおいて、神はない。
義と救いの神はわたしの他にない。
地の果々のすべての人よ、
わたしを仰いで、救いを得よ。（同四五21－22）

創世記冒頭の天地創造物語が前提にするのはこうした唯一神観ですが、そこには第二イザヤの影響も見逃せません。これに同じくバビロニア捕囚期にまとめられた申命記的唯一神観を加えることができましょう（申四35、三二39他）

要するに、旧約聖書の一神教は、神観という点からみると、多くの神々のなかの一神を自らの神とする拝一神観にはじまるといってよく、神の唯一絶対性を主張するヤハウェ唯一神観はバビロニア捕囚期に確立したのです。しかし、ここから、古代イスラエルの宗教が実態としてそうした一神教を志向していたかというと、必ずしもそうではありません。旧約聖書を読めば容易に察せられることですが、総じてイスラエルの民はヤハウェ崇拝よりも、カナンの神々を祀っていたのであり、列王記の記述によれば、そもそも当初からエルサレム神殿ではヤハウェと並んで異教の神々も祀られていました（王上一一3―8）。預言者エゼキエルなどは、エルサレム神殿が異教の巣窟になっているさまを描き出しています（エゼ八章）。また、イスラエルの諸遺跡における考古学的遺物の数々は、たとえば裸の女神像が示すように、古代イスラエル宗教の実態がヤハウェ一神教とはかけはなれていたことを物語っています。やはり遺跡から発見された紀元前九世紀ころのヘブライ語碑文は、旧約聖書が異教の女神とみなすアシェラがヤハウェの配偶女神とされていたことを示しています。

要するに、イスラエルの民の大多数は複数の神々を祀っていたのであり、イスラエルの神ヤハウェは唯一であるという信仰を伝え、これを守ったのは民の中のごく少数の自覚的なヤハウェ信仰者たちであったということです。しかも、イスラエルの民自体が、古代オリエントの歴史のなかでみると、メソポタミアとエジプトという二大文明のはざまに位置する辺境の地の一弱小民族にすぎませんでした。イスラエル（パレスチナ）の遺跡に立つと、そのことがよくわかります。古代イスラエル時代の遺跡層からはエジプトやメソポタミアのように、人々に眼を見張らせるような遺構も遺物も発見されません。それればかりか、同じ遺跡でも、多くは、イスラエル以前の時代層のほうが物質文化の点で豊かなのです。しかし、その彼らが、いや、神ヤハウェ信仰にこだわった彼らのうちのごく少数の者たちが、次第に育んでいった神観は旧約聖書をとおして、さらには後のキリスト教やイスラム教を介して、人類の精神史に多大な影響を残しました。それは、政治力において、経済力において、また物質文化という面においてもイスラエルをはるかにしのぐメソポタミアの大国バビロニアやアッシリアが、あるいはエジプトが果たせなかったものです。

そういう意味において、古代イスラエルにおける唯一神信仰の確立は人類の宗教史における希有な逆説的現象であった、といってよいように思われます。逆説的というのは、歴史的には、当時、絶大な政治権力を誇り、その普遍的な文化を主張しえたはずの大国にではなく、辺境の弱小の民の間に「神ヤハウェは唯一」という信仰が培われたという意味においてです。そして、人類の宗教史における逆説は、同時にまた、ヤハウェ一神教の教説自体の逆説性とも重なり合うように思われるのです。次に、その点をみていきましょう。

4　古代イスラエル一神教の逆説性

神ヤハウェがイスラエルの神であり、イスラエルがヤハウェの民であり続けるかぎり、ヤハウェ宗教はひとつの排他的民族宗教であって、そこには矛盾も逆説もおこりません。しかし、その神ヤハウェが天地万物を創造し、世界の諸民族を支配する唯一絶対の神として観念されると、それはもはやイスラエルの神ではなく、世界の神とならざるをえません。その神信仰は一民族の宗教という枠にはおさまりきらないのです。イスラエルの民自体が相対化されることになるからです。古くは、預言者アモスの次の言葉にそれがよく示されています。

イスラエルの子らよ、お前たちはわたし（＝ヤハウェ）にとってはクシュの子ら（＝エジプト人）と同様ではないか。……わたしはイスラエルをエジプトから、ペリシテをカフトルから、アラムをキルから導き上ったではないか。（アモ九7）

ここでは、イスラエルの特殊性は剝奪され、エジプト、ペリシテ、アラムなどと同列に見られています。イスラエルはもはや特別な民ではないのだ、というのです。預言書には、「イスラエルに終わりが来た」という表現もみられます（アモ八2、エゼ七2）。

ところが、もう一方で、この神信仰の担い手たちは、依然として、イスラエルという弱小の民であり続けました。そこで、この矛盾の思想的、神学的解決がはかられることになります。それが「選民思想」です。弱小の民イスラエルが絶対的超越神と特別な関係におかれたのは、この神が諸国民の中からあえてイスラエルという弱小の民を選んだからだ、というのです。申命記にはそれが次のように定式化されています。

じつにお前（＝イスラエル）はお前の神ヤハウェの聖なる民である。お前の神ヤハウェが、地上のあらゆる民の中からお前を選んで、その宝の民とされた。お前たちがそれらの民よりも多いがゆえに、ヤハウェがお前たちに好意を寄せ、お前たちを選んだのではない。じつに、お前たちはあらゆる民のなかで最も弱小であった。（申七6−7）

このように、普遍的な絶対神によっていったんは相対化され、否定された「ヤハウェの民」が同じく普遍的な絶対神によって再び「選びの民」として位置づけられることになります。この辺に、旧約思想のダイナミズムがみてとれます。いずれにせよ、絶対的な超越神が「小さき者の神」として、弱小の民を選び、苦難の民に寄り添い、これを地上における神の意思の担い手とするという信仰に、旧約聖書の唯一神観の逆説的内実があらわれるといってよいように思われます。言い換えれば、ヤハウェ唯一神信仰の特質は、その神の絶対性や超越性それ自体にではなく、絶対的な存在者が「小さき者の神」として地上の人間世界にその意思を顕現させるという点にみられるということです。旧約聖書の唯一神観は、したがって、哲学的に導き出された抽象的な観念（パスカルのいう「哲学者の神」）ではなく、弱小の民の苦難の歴史のなかで獲得された神信仰（同じく「アブラハムの神」）の最終形態でした。

古代西アジア世界にあっては、様々な民族が興亡を繰り返すなかで、バビロニア、アッシリア、エジプト、ペルシアといった大帝国も、フェニキア人やアラム人、モアブ人やペリシテ人といった小さな民族も、一様にその同一性を失って、歴史の舞台から消えてゆきました。唯一、聖書の民はその唯一神信仰のゆえに、弱小でありながら、苦難の歴史を生き抜く力と術を獲得したのでした。後代、かのナザレのイエスの低き歩みと苦難の生涯を神の業の顕現と信じたキリスト教徒が、旧約聖書にみられる「小さき者の神」である唯一絶対神信仰をユダヤ教とは別の形で継承したことはいうまでもありません。しかし、その後の二〇〇〇年の歴史は、皮肉なことに、「小さき者の神」を信じるキリスト教を強者の宗教にしてしまいました。その点に、キリスト教自体の変質がないかどうか、考えさせずにはおきません。

5　一神教は暴力的か

最後に、冒頭で述べた最近のキリスト教批判に関して、以上に述べた聖書的一神教という観点から、二、三のコメントをしておきます。

批判の第一は、人間を自然の主として位置づける聖書の自然観に関わるものでした。創世記一章の人間創造のくだりは次のようになっています。

神は言った、「われらの像《かたち》に、われらの姿に似せて、人を造ろう。そして彼らに海の魚、空の鳥、家畜、地のすべてのもの、地上を這うすべてを支配させよう」。（創一26）

こうして人間を「男と女」に創造した神は、人間を祝福して、言います。

「生めよ、増えよ。地に満ちて、これを従わせよ。海の魚、空の鳥、家畜、地のすべての生き物を支配せよ」。（創一28）

ここでは、確かに人間は自然の支配者として位置づけられています。これこそが自然破壊の思想的元凶だ、といわれるゆえんです。ところが、興味深いことに、創世記は続く第二章でふたたび人間の創造を描いています。

主なる神が地と天を造られたとき、地上にはまだ野の木も、野の草も生えていなかった。主なる神が地上に雨をお送りにならなかったからである。また土を耕す

人もいなかった。（創二4―5、新共同訳）

そこで、神は大地の塵で人間を形造った、というのです。最近、完結した岩波書店版の旧約聖書でわたしは「創世記」を担当しましたが、新共同訳が「主なる神が地上に雨をお送りにならなかったからである。また土を耕す人もいなかった」と訳した箇所を「神ヤハウェが地に雨を降らせず、大地に仕える人が存在していなかったからである」と訳しました。そして「仕える」という箇所に次のような短い脚注を付しました。「伝統的に〈耕す〉と訳されてきた動詞アーバドは〈仕える〉〈働く〉が原意。大地の支配者は同時に大地に仕える存在でもある」。ここでは、文献学的な詳細は省略しますが、「耕す」と訳されてきたアーバドという動詞は原意が「仕える」という意味であるだけでなく、旧約聖書中の用例の大多数は実際に「仕える」と訳されているのです。そこで、思いきってそう訳しました。そうすると、創世記の冒頭の人間創造の物語には、自然を支配する人間と逆に自然に仕える人間とが並列的に描き出されていることになります。そして、そこに旧約聖書の自然観もしくは人間観のある種のダイナミズムがみてとれるのではありませんか。わたしはこれを旧約聖書の複眼性と呼ぶことにしています。
それゆえ、人間の罪は大地に影響を及ぼさざるをえないことになります。禁断の木の実を食したアダムに対して、神は言います。「大地はあなたのゆえに呪われるものとなった」（創三17）。人間が神の戒めを破ったがゆえに大地が呪われる、というのです。そして、それは洪水物語へと引き継がれます。詳細は省略しますが、人間の悪のゆえに大地が呪われる物語として、それは読めるのです（創八21参照）。こうした思想は、預言書にも散見します。たとえば、ホセア書四章3節には次のように記されています。

それゆえ、この地は嘆き悲しみ、そこに住むものは、
野の生き物、空の鳥、すべてが衰え、
海の魚さえも絶え果てよう。

自然の生き物が衰え果てようとしている。しかも「それゆえ」というのですから、理由は先行する節にみられます。すなわち、それは、真実と慈愛と神へのおそれ（「神

を知ること」）を失って、人命をふみにじり、性の倫理をないがしろにする人間社会の乱れにほかなりません。人間社会の荒廃が自然をも荒廃に追いやるのだ、というのです。預言者ミカも言います。

地はそこに住む者のゆえに荒れ廃れよう、
彼らの行いの実のゆえに。（ミカ七13）

エレミヤの場合はそれが嘆きとなります。

いつまでこの地は嘆き悲しみ、野の草は枯れ続けるのか。
そこに住む者たちの悪のゆえに、獣と鳥とは消え失せた。（エレ一二4）

類例は他にもありますが、これで十分でしょう。要するに、旧約聖書における人間と自然の関係は、単純に、支配－被支配という図式では捉えきれないということです。旧約聖書の創造物語は、確かに、自然に精霊を宿らせるアニミズム的世界観を排除しました。しかし、それゆえに、自然と人間の融合を目指すのではなく、人間と自然の関わりのダイナミズムを見据えてもいたのです。

第二のキリスト教批判は、一神教のもつ一元的な発想に向けられていました。そこに一神教のもつ暴力性の根源がある。それに対して、多神教のもつ多元的な世界観こそ、今日あらためて見直されるべきだ、といわれます。しかし、こうした議論は宗教と歴史の実態を見落としているように思われます。そもそも一神教徒だから排他的になるのでもなければ、多神教徒だから異質な他者に寛容になれるのでないことは、人類の歴史が証するところです。人間の暴力性の究極的な発露である戦争による悲劇は、いわゆる一神教世界にも多神教世界にも同様に繰り返されてきたのです。それゆえに、いずれの世界においても神（々）に敵の撃破と戦勝の祈願が捧げられてきました。また逆に、いずれの世界においても、平和をねがう人々はそうした悲劇を繰り返してはならないと訴え、反戦・非戦の思想を唱えます。したがって、暴力性という観点から、一神教と多神教のどちらがすぐれているか、という立論自体が実質的な意味をもちません。そこからさらに一歩進めて申しますと、一神教と多神教という対比自体がどれほどの根拠に基づくのか、という点にじつは大きな疑問が残されています。

たしかに、日本には「八百万《やおよろず》の神」という表現があり、神社毎に祀られる祭神は異なります。ところが、たとえば明治神宮に初詣に出かける平均的な日本人は、そこで、「神様」に祈るのであって、祭神である明治天皇の御霊に祈るのではありません。猿田彦命が祀られる神社に詣でても、猿田彦命の名を呼んで、祈願する人はまずいないでしょう。日本語で「神仏に祈る」という場合なども、「神と仏に祈る」という意味ではなく、神も仏も含めた超自然的存在に祈ることを意味します。それは、日本の宗教を単純に多神教とみなせるのかどうか、という問題を提起します。また、キリスト教のマリア崇拝や聖人崇拝、イスラム教の聖者崇拝などを思い起こせば、同じことが一神教と呼ばれる宗教にもいえることがわかります。神の数だけを取り上げて、一神教と多神教を対比する見方自体が、そもそも人類の宗教さらには人間の宗教心を理解するために有効ではないということです。

二〇世紀最後の四半世紀には、逆に、キリスト教世界において神学的にも他宗教を認めてゆこうとする動きが顕著になりました。超越的実在を信じる宗教信仰は時代や地域、また個々の文化伝統によって種々の形態をとるとみる「宗教多元主義」の提唱(ジョン・ヒックなど)、あるいは非キリスト教徒に、キリスト教共同体にはまだ所属していないが、恩寵により義とされる「匿名のキリスト教徒」を認めようとするカトリック神学（カール・ラーナー）などがそれです。また、仏教とキリスト教の比較研究をはじめとする「宗教間対話」の可能性も様々に探られています。実践的には、信じる対象は異なっても、宗教者は人類の平和をねがうという一点において互いに協力できるし、協力しなければならない、という観点に立つ「世界宗教者平和会議」などの活動もみられます。

このようなことをふまえつつ、ユダヤ教はもとより、それをこえて世界宗教となったキリスト教やイスラム教の唯一神信仰の淵源である旧約聖書の神信仰をふりかえってみたときに、あらためてその逆説性と複眼性に思いをいたさずにはいられません。そこで培われた唯一絶対神信仰は特定の民族や集団を絶対化するのではなく、眼に見える世界のなにものをも絶対化することをゆるさない信仰であったということができましょう。

（東京大学学生基督教青年会公開講演会、二〇〇四年五月二九日）

古代文学にみる友情

ご紹介いただきました月本昭男です。昨夕は小塩節《おしおたかし》先生と神谷徹先生から楽しくも、印象に残るお話を伺わせていただきました。

わたしは旧約聖書や古代オリエントの研究に携わってまいりましたので、今から二五〇〇年以上の時間を遡っていただきます。テーマには「友情」を掲げ、古代の人たちが伝えた文学の一面を紹介させていただきます。

わたしが友情を考えるきっかけになったのは、一九七〇年代の後半、ドイツ留学中のことでした。わたしは大学院で旧約聖書学を専攻しましたが、旧約聖書をよりよく理解するには、その歴史的・文化史的背景となる古代オリエントのことを知らなければならないと考え、一九七五年から六年ほど、南ドイツのチュービンゲンという大学町で古代オリエント学を学びました。その留学中、サブリ・アッバディというヨルダン出身の留学生と親しくなりましたが、その彼が、あるとき、ドイツ人は一緒にコーヒーを飲み、食事をすれば、それだけで友人と思っているが、自分たちアラブ人は違うと言うのです。アラブ人にとっては、友人が困っていたら命を差し出しても助ける、それが友情というものだ、と。そこで、ならばドイツに君の友人はいるのかと聞いたところ、一人だけいるというのです。その彼が友人であるとどうしてわかるか、と聞き返すと、次のような話をしてくれました。

彼は学生寮に住んでいましたが、その寮は中央に厨房とダイニングがあり、その周りに一〇くらいの個室があるような施設でした。彼はあるときに、明日どうしても一〇〇〇マルク必要になったので、貸してくれる者はいないかとその寮のなかで聞いて回ったのです。一〇〇〇マルクといえば、当時一五万円くらいの感じだったでしょうか。それ以上であったかもしれません。寮に生活する学生はそれほどの大金を持ち合わせていません。そこで断られたのです。しかし、一人だけ、自分に一〇〇〇マルクはないが、お前がどうしても必要ならばといって、彼の友人たちに話して一〇〇〇マルク集めてくれた。翌日、サブリ・アッバディは、一〇〇〇マルクは必要でなくなったと言ってそのまま返したのです。しかしそのとき、彼は自分が困ったときに助けてくれる友人であることがわかった。だから、自分は彼のためであれば、何でもするつもりだと言うのです。

これを聞いたわたしは、金銭をもって友情を確かめてよいものかと思う半面、困っているときには命をかけてでも助ける存在、それが友人というものだということも理解し、「友のためにいのちを棄てる、これより大いなる愛はない」というイエスの言葉を思い起こしました（ヨハネ一五13）。このようなことがあり、わたしは少しく友情という問題を考えるようになりました。そして古代の文学などをそういう観点から読むことになったのです。

そういうわけで本日は、メソポタミアの楔形文字で粘土板に残された『ギルガメシュ叙事詩』、ギリシアの叙事詩『イーリアス』、それに旧約聖書から友情に関わるダビデとヨナタンの物語をご紹介させていただくことにします。まずは、メソポタミア文学の傑作といわれる『ギルガメシュ叙事詩』からはじめたいと思います。

1　ギルガメシュ叙事詩

ギルガメシュという名をはじめてお聞きになった方もいらっしゃるかもしれません。ギルガメシュは古代メソポタミアの都市国家ウルクの王でした。実在したとすれば、紀元前二六〇〇年ころでしょうか。ウルクは創世記一〇章10節にも出る都市の名で、メソポタミアで最も古い都市国家の一つでした。そのウルクの王ギルガメシュを巡るシュメル語伝承が、おそらく死後、様々に伝えられました。それらを編纂して、一続きの物語としてアッカド語で編まれた作品が『ギルガメシュ叙事詩』でした。紀元前一八〇〇年代のことです。わたしは楔形文字で粘土板に刻まれたこの作品を翻訳し、詳しい解説をつけ、一九九六年に岩波書店から『ギルガメシュ叙事詩』として刊行してもらいました。その後、文庫化の話もいただいたのですが、研究の進捗や新資料の発見などがあり、改訂版にはもう少し時間がかかりそうです。

この『ギルガメシュ叙事詩』という作品が最初にまとめられた時期は、かの有名なハンムラビ法典が発布される百年近く前のことでした。そして、古代オリエントで、紀元前三世紀まで、つまり千五百年の長きにわたって、書き継がれ、読み継がれたのです。この物語は、東は今のイランにあたるエラムまで、西はトルコ半島にあったヒッタイト帝国にまで知られていました。古代エジプトでも知られていたと思います。古代イスラエルでも、一部の人たちはこの作品のことを聞いていたでしょう。ガリラヤのメギドという古代都市の遺跡から、この叙事詩の一部を刻んだ粘土書板が発見されています。死海文書にもギルガメシュという名が記された羊皮紙の断片が発見されていますが、残念なことに、それは小さな断片に過ぎず、全容はわかりません。ギリシア人にまでこの物語が伝わっていたかどうか。叙事詩とは別のギルガメシュ伝承を伝えるギリシア語文献は紀元後になります。

物語は、ギルガメシュの紹介からはじまります。彼はウルクの王でしたが、暴君であったため、市民らがこれに辟易して、神に訴えるのです。そこで、神々はギルガメシュに対抗できる人物エンキドゥを創造します。彼はウルクの町にやってきて、ギルガメシュと組み討ちを挑みます。しかし、雌雄の決着がつかないまま、お互いに疲労困憊してゆきます。そして、その二人の間に友情が芽生えるのです。友情で結ばれた二人は、力を合わせて香柏の森の怪物を退治します。フンババと呼ばれる恐ろしい怪物です。香柏とはレバノン杉を指します（文語訳旧約聖書による）。ウルクからレバノンの山までは、ゆうに一〇〇〇キロメートルをこえる距離があります。

遠征に先だって、まずはエンキドゥが尻込みします。すると、ギルガメシュは次のように言うのです。「我が友よ、誰が天に昇れるというのか。シャマシュ（太陽の神）とともに永遠に住むのは神のみ。人間の生きる日々は数えられている。人間が成し遂げることはすべて風に過ぎない」。東洋思想を思い起こさせるような発言ですが、さらに続きます。「あなたはこの期に及んで死を恐れるのか。あなたの勇猛果敢さは何だったのか。あなたの前を私が行こう。あなたはうしろで叫べばよい。近づけ、ひるむな、と。もし倒れたら、私はわが名を上げるだろう。ギルガメシュはあの恐ろしいフンババと戦いを交えたのだ、と」。

こうして、二人は遠征に出かけてゆきます。このギルガメシュの言葉にみられる人生観を、わたしは「英雄的人生観」と名づけています。死をものともせず、勇猛果敢に戦い、かりに敗北しても、名前が後世に伝えられればそれでよいではないか、というのです。こうして杉の森に遠征した二人は、怪物フンババを退治して、ウルクに凱旋します。すると、ウルクの女神イシュタルがギルガメシュに思いを寄せ、彼に言い寄るのです。イシュタルとはギリシアではアフロディテー、ローマではヴィーナスとなる、メソポタミアの愛と戦いの女神でした。

イシュタルに言い寄られたギルガメシュは、これをきっぱり拒絶します。これまで、あなたに愛された男たちは、最後は動物に変えられたりしてしまった。自分はそのような目には遭いたくない、と面と向かって女神を罵倒するのです。罵倒された女神は、至高神アヌに願って、ギルガメシュを懲らしめるために、とてつもなく巨大な「天牛」を地上にくだしてもらいます。しかし、ギルガメシュと友人エンキドゥは力を合わせ、これをも仕留めてしまうのです。

フンババを殺し、天牛を仕留めてしまった二人に対し、神々の世界では不安が巻き起こります。このままでは、二人は何をしでかすかわからない。そこで、どちらかが死ななければならないということになり、最終的には、太陽神シャマシュがギルガメシュを擁護し、エンキドゥに死が定められます。それとは知らない地上では、エンキドゥが死に至る病の床に着き、力衰えて、息を引き取ります。死をものともしなかったはずのギルガメシュでしたが、最愛の友の死を目の当たりにして、死の恐怖にとりつかれてしまいます。そして、死をこえる生命を求めて旅に出るのです。叙事詩はそのくだりを次のように綴っています。

ギルガメシュは彼の友エンキドゥのため、いたく泣き、
私も死ぬのか。エンキドゥのようではないと言うのか。
悲嘆が我が胸に押し寄せた。
私は死を恐れ、荒野を彷徨う。

ギルガメシュの永生希求の旅には目指すところがありました。太古の昔、神々が洪水を起こし、人類が滅びたとき、箱船を造って生き残った人物がいた。彼ははるか東の島で、神々に列せられている。この人物のところに行けば、生命の秘密を教えてもらえるのではないか。ギルガメシュはそう考えたのです。暗闇を通り抜け、山々を越え、海を渡って、ギルガメシュは彼のもとへと赴きます。ところが、海を渡れば、その島に辿りつけるはずの岸辺で、シドゥリという女神がギルガメシュを見て、次のように忠告します。

ギルガメシュよ、お前はどこにさまよい行くか。
お前が探し求める生命をお前は見いだせまい。
神々は人間を造った時、人間に死をあてがい、
生命は彼ら自身の手に収めてしまったのだ。
ギルガメシュよ、自分の腹を満たせ。
昼夜、あなた自身を喜ばせよ。
昼夜、喜びの宴を繰り広げよ。
昼夜、踊って楽しむがよい。
あなたの衣を清く保つがよい。
あなたの髪を洗い、水を浴びよ。
あなたの手にすがる子どもに目をかけよ。
あなたの膝で妻が喜ぶようにするがよい。
これが人間のなすべき業なのだ。

ここには古代の人間観の一典型が開陳されている、といってよいでしょうか。人間

には死が定められているのだから、永遠の生命などを求めずに、その日その日、与えられたいのちを十分に享受するがよい、それが人生というものだ、というのです。旧約聖書のコヘレト書にも、これに似た言葉がみられ（コヘ九7—9）、『ギルガメシュ叙事詩』からの引用ではないか、とみる研究者もいます。ローマ人はこれをcarpe diem「その日を摘め＝その日、その日を楽しめ」と表現しました。しかし、女神の忠告を聞いて故郷に戻るには、ギルガメシュを襲った死の恐怖はあまりに強かったのです。彼は「死の海」を渡って、神々に列せられた人物のもとに向かいます。その人物の名はウトナピシュティムでした。「生命を見出した者」という意味です。

ウトナピシュティムは、やってきたギルガメシュに、太古の昔に起こった大洪水の物語を語って聞かせます。この物語が旧約聖書に取り込まれ、ノアの洪水物語として伝えられたのですね。ウトナピシュティムは、ノアがそうであるように、事前に大洪水の到来を知り、箱船を造って、大洪水を生き延びた人物でした。そして、洪水後、永遠の生命を与えられたのです。しかし、ウトナピシュティムはギルガメシュに語ります。自分は例外であって、人間には死を乗り越えることはできないし、永遠に生きることもかなわない。人間にできるとすれば、暴力的に人間を襲う死、つまり、病気や不慮の事故による死を避けること以外にはない。そのためには、神々をしっかりと祀ることである。メソポタミアのノアともいうべきウトナピシュティムは、このようにギルガメシュを諭すのです。

ところが、ウトナピシュティムの妻のとりなしもあって、ウトナピシュティムはギルガメシュに「老人が若返る」という名の草のありかを教えます。それは海の底にある、棘のある草でした。ギルガメシュは、船頭を海に潜らせて、その草を手に入れます。そして、喜び勇んで故郷のウルクに帰るのですが、その途次、うかつにも、その草を岸辺においたまま、オアシスで水を浴びたのです。はたして、ギルガメシュが水からあがると、その草は見当たらず、その隣にヘビの抜け殻が残るばかりであった、と記されます。物語はここで終わるのです。いささか尻切れトンボの感じが否めません。

この叙事詩には、死ぬべき人間は死をどのように受け止めたらよいのか、ということが物語のかたちで語られています。死をものともしない英雄的人生観、死の恐怖と死をこえる永生への希求、永生など考えずに人生を楽しむ享楽的人生観、不慮の死を避けるために神々を祀る生き方などが、素朴に描かれています。それにしても、永遠に生きられない人間は、死んだ後、どうなるのか。そういった観点から、紀元前八〇〇年ごろ、物語のつじつまは合わないままに、最後の部分に一書板が付け加えられました。それによれば、ギルガメシュの「僕《しもべ》」であるエンキドゥが冥界にくだり、そこに囚われてしまいます。彼は亡霊となってギルガメシュの面前に現れ、どのような人が死後も冥界で安穏に暮らせるのか、ということを巡る問答が両者の間で交わされるのです。水死した人、戦死した人、結婚できなかった人が、あるいは子宝に恵まれなかった人が、冥界でどのような後生を送ることになるのか、といった問答ですが、その最後は次のような問答で閉じられます。

その霊が供養を受けない人を見たか。
見ました。彼は器からこそげ落としたものや、
通りに捨てられたパンのくずを食べていました。

要するに、子孫を残して、死後も供養され続ける人は冥界においても安らぎを得られるが、逆に供養を受けられないような死に方をすれば、あの世で苦しまねばならな

いというのです。これが伝統的なメソポタミアの死生観でした。

2　ギルガメシュとエンキドゥ

『ギルガメシュ叙事詩』は、このように、死ぬべき人間はいかに生くべきか、という大きな主題をめぐって物語を展開させますが、その一方で、ギルガメシュとエンキドゥの間に結ばれた友情にも大きな関心が寄せられています。わたしの知るかぎりでは、人類の文学史において、友情という主題を意識した最古の作品が『ギルガメシュ叙事詩』です。友情についてこの叙事詩がどのように表現しているのか、少しばかり本文をみてみましょう。

はじめに紹介したように、ギルガメシュとエンキドゥは組み討ちをしますが、互いに譲らず、疲労困憊するなかで、二人は互いを認め合い、二人の間に友情が芽生えました。そのくだりを「彼らは接吻し、友情を結んだ」と表現しています。古代西アジアの人たちは男同士でも接吻をしたのですね。接吻と言っても、具体的には、唇に唇をつけるのではなく、頰と頰を擦り寄せるのです。最初にご紹介したヨルダンの友人サブリ・アッバディは、アラブの世界では、男の友人同士が手を取り合って歩くのもふつうのことだと話してくれました。彼と親しくなってから、長い期間の別れや、久しぶりの再会のときなどに、わたしも彼と頰と頰を擦り寄せました。それがアラブ人と付き合うふつうの挨拶だったからです。

ともあれ、ギルガメシュとエンキドゥは友情で結ばれ、力を合わせて怪物フンババを退治し、「天牛」をしとめるのです。しかし、エンキドゥに神々から死の判決が言い渡されます。彼は、死の床につき、自分がギルガメシュと同等に扱われなかったと嘆きます。そして、自分をウルクにいざなった聖娼を呪うのですが、それに対して、太陽神シャマシュは次のように語りかけています。

なぜ、エンキドゥ、聖娼シャムハトを呪うのか。
彼女は神にもふさわしいパンをお前に食べさせ、
王にもふさわしいビールを飲ませたではないか。
彼女は立派な衣服をお前にまとわせてくれたし、
立派な男ギルガメシュをお前の友としてくれた。

いまや、ギルガメシュがお前の兄弟、最愛の友だ。
彼は立派な寝台にお前を横たえてくれるだろう。

この言葉を聞いて、エンキドゥの気持ちはおさまるのですが、死の床で冥界の情景を夢に見たエンキドゥは死を覚悟し、ギルガメシュに訴えます。「私を死後も思い起こし、忘れないでくれ、私があなたとともに歩み続けたことを」。愛する友の死を目の当たりにしたギルガメシュはといえば、ウルクの人々に、山々と川に、木々と動物たちに、エンキドゥの死を嘆くように呼びかけます。そして、次のように友の死を悼むのです。

私はわが友エンキドゥのために泣く。
泣き女のようにいたく泣き叫ぶ。
わが傍らの斧、わが脇を助け、
わが帯の大太刀、眼前の糧、わがよき支え、
（中略）

われらは力を合わせて山に登った。
天牛をつかまえ、これを撃ち斃した。
香柏の強者フンババを滅ぼした。
ところがいま、あなたを捉えたこの眠りは何か。
あなたは闇に変わり、もはや私に耳を傾けない。

愛する友の死を悼む切々とした挽歌です。このような死によって、二人の友情は終わりを告げるのですが、友の死を契機にして、永遠の生命を求めて旅をするギルガメシュは、旅の途中、幾度となく繰り返し、死んだ友エンキドゥを想い起こします。ここから、一部の研究者の間では、友情こそが『ギルガメシュ叙事詩』の主題ではないか、といわれるのです。

3　アキレウスとパトロクロス

ギリシアでは、ホメロスの二大叙事詩の一つ『イーリアス』に、アキレウスとパトロクロスの友情が印象深く描き出されています。それを手短にご紹介させていただきましょう（引用は岩波文庫版に基づく）。『イーリアス』は、一〇年に及ぶトロイア戦争の最後の五〇日ほどの模様を描いた作品です。ギリシアのアカイア軍は、総大将アガメムノンをいただき、多くの武将を従えてトロイアを攻撃しますが、その武将たちのなかでも当代随一の戦士が、いまもアキレス腱に名を残すアキレウスでした。しかし、アガメムノンによる敵の女性の扱い方に腹を立てたアキレウスは、戦線から離脱してしまいます。それもあって、ギリシア軍とトロイア軍の戦闘は長期間にわたって膠着状態に陥ってしまうのです。それを見るに見かねたアキレウスの友、パトロクロスがアキレウスの鎧兜を身にまとい、アキレウスになり代わって前線に出てゆき、華々しい活躍をしますが、最後には敵の将軍ヘクトールに討たれて絶命します。

パトロクロス斃れたり、との知らせがアキレウスのもとに届きます。最愛の友が敵に討たれたことを知ったアキレウスは、痛ましい嘆きの声をあげました。「すぐにも死んでしまいたいものだ。友達が、友が討たれるのを救ってもやれないのが、私のめぐり合わせだったのだから。彼は故国を遥か異国に果てました。難儀を防いでやらねばならぬ私が居なかったばかりに」。こうして、愛する友の弔い合戦を決意し、戦線に復帰するのです。「かくなるうえは、最愛の友を撃ったヘクトールを求めて出陣します。私が死ぬ運命については、ゼウスや他の神々がそれを果たそうとなさるときには、甘んじて受けるつもりで」。もし、仮に敵の手によって討たれても、それは神々による定めとして、甘受せざるを得ない。そうなることも覚悟のうえで、討たれた最愛の友の仇に復讐すべく戦線に立つというのです。はたして、アキレウスは敵のヘクトールを撃ち果たし、ギリシア側に勝利がもたらされました。

その間、アキレウスとパトロクロスをめぐって様々な描写がなされますが、なかでも、パトロクロスの亡霊がアキレウスの前に姿を現す場面は印象的です。パトロクロスの亡霊はアキレウスに向かって言います。「わたしが冥界の門をくぐれるよう、一刻も早く葬ってもらいたい。亡霊たち、即ち亡者たちの幻が私を遠ざけて先へ進ませてくれず、川を渡って仲間に入るのを許さぬので、私は門の広い冥界の館あたりを虚しく彷徨っている」。ギリシア人の冥界観を示す箇所のひとつです。

「川を渡って」とは、ギリシア人の間では、死者はステュクス「憎悪」という名の川を渡ってあの世に行くと信じられていたからです。川を渡るのに渡し舟があり、そこで渡し守カローンに銀貨で一オボロス支払うことになっていました。私たちが知っている三途の川の六文銭とよく似ています。じつは、メソポタミアにおいても、死者は冥界に行く途中でフブルという川を渡らねばなりませんでした。冥界に入るには川を渡らなければならない、というこれらの観念の間に影響関係があるのかどうか、確かなことはわかりません。人類は、死後の世界に関して、直接的な影響関係がなくとも、共通の観念を抱いたのかもしれません。冥界の川は、生者と死者の間には越えがたい断絶があり、その断絶は死者でなければ越えられないということを象徴しているのでしょうか。

ともあれ、パトロクロスは、まだきちんと葬られていないので、あの世に入れてもらえない。だから、自分の亡骸を探して、しっかりと手厚く葬ってほしい、とアキレウスに願います。そして「われら二人の骨も同じ容器に収めてほしい。母上があなたに与えられた両の把手の黄金の壺に」と頼むのです。同じ壺に自分の骨を友の骨と一緒に納めてほしい、との表現に古典ギリシアの同性愛をみる研究者も少なくありませんが、しかし、それは友情の本質をわきまえない安易な解釈でしょう。むしろ、叙事詩人による友情の最高表現をわたしはそこにみたいと思います。最近は、お墓だけは別にしたい、というご夫妻がいるとも聞きますが、死後も一緒に、とは愛情表現の極致かもしれません。

アキレウスはそれに答えて言います。「大切な友よ、ここへ現れて、それらのことを細々《こまごま》と頼むのはどうしたわけだ。もとよりそれらのことはみな承知のこと。そなたのいうとおりにしよう。さあもっと近くへ来てくれ。暫しの間でも抱き合って、心ゆくばかり悲運を語り合おうではないか」。こういってアキレウスは手を差し伸べるのですが、パトロクロスの亡霊を捕らえることはできず、亡霊は弱々しくつぶやきながら地下に消えたと記されています。このあたりの描写には、叙事詩人ホメロスの力量がいかんなく発揮されています。アキレウスはといえば、勝利の祝いのあと、供犠を捧げ、戦士たちによる競技会を開催して、戦いに倒れた最愛の友パトロクロスの霊を弔うのです。

『イーリアス』においてホメロスは、アキレウスとパトロクロスの友情をこのように描き出しました。この叙事詩の主題の、少なくともその一つが友情におかれていることは間違いないのではありませんか。そして、これがギリシアにおける友情の最古の描写でもありました。その後、ギリシア・ローマで展開する友情論については、あとで触れることにします。

4 ダビデとヨナタン

旧約聖書のサムエル記に、ダビデとヨナタンの友情が物語られていることは、ご存知のとおりです。『イーリアス』とサムエル記のどちらが古いのか、という問いに確かな答えはありませんが、ダビデとヨナタンの友情物語もメソポタミアやギリシアの友情物語に劣らず印象深いものです。サムエル記上・下は、イスラエル社会が王国に移行する経緯を綴る歴史物語ですが、これを「愛憎無限」と評した神学者がいました。たしかに、ここには憎悪と嫉妬があり、醜聞があり、策略があり、裏切りがあります。全体として暗い雰囲気を漂わせています。そのなかに挿し挟まれたダビデとヨナタンの友情物語は、いわば一服の清涼剤といった趣を提供してくれています。

二人の友情物語は、次のようにはじまります。「ヨナタンの魂はダビデの魂に結びつき、ヨナタンは自分自身（＝自分の魂）のように彼を愛した」。続いて「ヨナタンはダビデを自分自身（＝自分の魂）のように愛したので、ダビデと契約を結んだ」と記されます（サム上一八3）。ヨナタンはサウルの嫡男として王位が約束されていました。

他方、ダビデはサウルのもとで頭角を現し、民衆にはサウル王以上の戦士として称えられました。そこで、王位を脅かしかねないダビデに対する嫉妬の情がサウルのなかに燃え上がりました。

このようななか、ダビデとヨナタンは潜在的な対抗関係にあったはずですが、その二人の間に友情が芽生えたのです。サウルはといえば、ダビデに対する嫉妬を憎悪へと増幅させ、ダビデを亡き者にしようと画策します。父親の憎悪と画策を知るヨナタンは、ダビデをかくまい、ダビデに父の計画をもらし、その毒牙からダビデを逃れさせるのです。サウルのもとを逃れたダビデは荒野を転々とします。ヨナタンは荒野を転々とするダビデを訪ね、ダビデを励まし、二人の友情を確認するのです。サムエル記上二三章18節には、二人は神ヤハウェの前で契約を結んだ、と記されています。一八章3節にもみられた契約の再確認です。二人にとって、友情は神の前で結ばれる契約として理解されています。友情は単なる感情的な結びつきではなかったのです。友情とは神を証人とする約束であり、全人格的な交わりでした。

ところが、そのヨナタンは父サウルとともに、ペリシテ人との戦いのさなか、ギルボアの山中で討たれ、絶命します。その知らせがダビデのもとに届くと、ダビデは深く悲しみ、切々とした挽歌を詠じて、サウルとヨナタンの死を悼みました。サムエル記下一章に伝わる「弓の歌」がそれです。有名な挽歌ですが、最後の部分だけ確認してみましょう。

ああ、勇士らは戦いのさなかに倒れた、
ヨナタンはお前の高き所で殺された。
わが兄弟ヨナタンよ、私はあなたを悼む。
あなたは私を大いに喜ばせてくれた。
あなたの愛は私にとって女の愛よりも素晴らしかった。
ああ、勇士らは倒れ、戦いの器は失せた。

ダビデとヨナタンの友情は、ヨナタンの死で終わりませんでした。サウルとヨナタン没後、サウル王家の残党との抗争を制したダビデはイスラエルの王として即位しますが、即位してエルサレムに遷都すると、足のきかないヨナタンの息子を探し出させます。そして、彼を王の食卓につねに同席させ、ヨナタンの友情に報いた、と記されています。

以上、ギルガメシュとエンキドゥ、アキレウスとパトロクロス、ダビデとヨナタン、これら三様の友情物語を紹介してみました。いずれの場合も、友との死別という点で共通しますが、友の死によって友情自体が消え失せることはなかったのです。時代は下りますが、中国においても、『史記』に管仲《かんちゅう》と鮑叔《ほうしゅく》の友情を描き、「管鮑の交わり」という言葉を伝えた司馬遷が、「一死一生乃知交情」すなわち「一人が死に、一人が生き残るときに真の友情が知られる」と記しています。

5　友情論の展開

紀元前五〇〇年ごろまでには、メソポタミアで、ギリシアで、イスラエルで、以上のような友情物語が書き残されました。これら三つの地域に空間的な大きな隔たりはありませんが、これら友情物語の間にも直接的な影響関係があったのかどうか、確証されません。むしろ、それぞれの地域で、このような友情物語が語り継がれる社会的必然性があったのではないかと思われます。

そもそも社会が地縁や血縁という紐帯にがんじがらめにされているかぎり、個人の間で育まれる友情は生まれにくいものです。かりに友情が育まれても、文学の主題にはなりえません。友情はあくまでも自立した個人の間に育まれるものだからです。おそらく、人類精神史において、まずはメソポタミアにおいて、次いでイスラエルやギリシアにおいて、地縁や血縁から解き放たれ、自らの意思で生きようとする明確な個の自覚と個の意識が芽生えたのです。そして、友情が文学の主題とされました。ここに紹介した友情物語は、そうした人類の精神史の一段階を示しているに相違ありません。しかし、それがいわば英雄同士の友情である点に限界があるといわれれば、そのとおりです。また、女性間の友情が語られることもなかったのです。

ギリシア・ローマにおいては、友情物語からさらに友情論が展開してゆきます。プラトンの『リュシス』という作品のなかでは友情が語られますが、友情とは何か、という問題を深く論じたのはアリストテレスでした。アリストテレスの『ニコマコス倫理学』では二つの章を「友情論」に費やしています。また、時代は下りますが、ローマの政治家でもあり、ラテン語を完成させたと言われるキケロが、暗殺される一年前の紀元前四四年に『友情について』という作品を残しました。その二三節と七九―八

○節から、少々長くなりますが、引用してみましょう（引用は岩波文庫版に基づく）。

友情は数限りない大きな美点を持っているが、疑いもなく最大の美点は、良き希望で未来を照らし、魂が力を失い挫けることのないようにする、ということだ。それは、真の友人を見つめる者は、いわば自分の似姿を見つめることになるからだ。

友情に値する者とは、愛される理由を備えている人のことである。これが稀なのだ。……それなのに大方の人は人間の問題でも、善きものといえば利益をもたらすものしか思いつかず、友人も家畜を見るのと同じで、最大の利益を得られそうな人を最優先で愛するのだ。こうして彼らは、この上なく美しく、この上なく人間性に適った友情——それ自体として、それ自体の価値で求められる友情——をついに味わえず、友情の力の素晴らしさと大きさを教える実例に、自らなることもないのである。なぜなら、人は皆自分を愛するが、それは自分から愛の報酬を取り立てるためではなく、自分がそれ自体として大切だからである。これと同じことが友情にも移されるのでなければ、真の友人は見出されぬであろう。真の友人とは、第二の自己のようなものであるのだから。

一言でいえば、友人は第二の自己である、ということです。私たちは誰でも自分自身を愛しています。しかし、自分自身に特別の能力があるからとか、美しいからとか、何か価値があるからではなく、自分自身だから愛するのです。それと同じように、友人は何か自分にとって役に立つとか、価値があるから愛するのではなくて、その人だから愛する、それが真の友情なのです。それゆえ、友人は第二の自己であるというのです。このような友情論はアリストテレスのそれをふまえています。

じつは、コヘレト書四章8節と10節の新共同訳聖書で「友」と訳されているヘブライ語はシェニーといいますが、これは「第二の者」という意味です。ここには、ギリシア・ローマの友情論における「第二の自己」という思想と共鳴するものがあるように思えます。

6　友人と隣人

旧約聖書にはギリシア・ローマのような友情論は展開されませんでした。ダビデとヨナタンの友情物語を伝えながら、なぜ友情論がないのでしょうか。そもそも「ない」ということの理由を説明するのはきわめて難しいのですが、この場合、旧約聖書に友情論が展開しなかった理由のひとつははっきりしています。それは、「友、友人」を意味するヘブライ語のなかで、最も頻度の多い単語レーアが「友」であると同時に「隣人」をも意味するからです。

レーアという単語（rē^{a}ʿ）は発音が少し難しいのですが、アッカド語の「友」であるレーウ（rēu(m)）と同語根です。しかし、アッカド語と違って、このヘブライ語は旧約聖書の文脈によって「友、友人」と「隣人」に訳し分けられるのです。古くは、七十人訳と呼ばれるギリシア語訳聖書が、フィロス「友」とプレーシオン「隣人」というギリシア語に訳し分けています。レビ記一九章18節には、新約聖書でイエスが最も大切な律法の一つとした「あなたはあなた自身のようにあなたの隣人を愛しなさい」という戒めがありますが、この「隣人」はヘブライ語ではレーアなのです。したがって、文脈によっては「あなたはあなた自身のようにあなたの友人を愛しなさい」とも訳しうるのです。しかし、レビ記においては、友人関係ではなく、同胞や寄留者を念頭においているので、やはり「隣人」と訳したほうが意味がよく伝わります。

このことは何を意味するでしょうか。聖書の世界においては、友情が隣人愛へと吸収されているということです。友情が特定の友人間に特化されず、隣人愛へと開かれてゆく、と言ったらよいでしょうか。隣人はすべて友人であると言い換えることもできるでしょう。しかも、レビ記一九章によれば、「自分自身のように愛さねばならない隣人」によそ者である「寄留者」が含まれるのです。一九章34節は寄留者たちを「自分自身のように愛しなさい」と教えています。要するに、ギリシア・ローマで「友情論」として語られた事柄は、旧約聖書においては「よそ者」までを含む「隣人愛」として伝えられたということになります。これが旧約聖書の友情論の最大の特色であるとわたしには思われます。

ところが、このような「隣人愛」はしばしば狭い「同胞愛」へと限定される危険がありました。そこでは、「同胞を愛する」ということは、同胞ではない者たち、とくに同胞に敵対する者たちを憎むことと別ではない、といった方向に歪められてしまうのです。敵に対する憎悪に裏打ちされた同胞愛と言ってよいでしょうか。七十余年前の日本がそうでした。愛国心は敵への憎悪に裏打ちされていました。敵となるアメリカやイギリスを「鬼畜米英」と呼んだのです。

イエス時代のユダヤの民の間にも、これと同様に、「隣人を愛し、敵を憎め」といった「隣人愛」が幅を利かせていました。イエスは、しかし、このような、敵への憎悪に裏打ちされた同胞愛を逆転させたのです。マタイ福音書の「山上の教え」にそれがうかがえます。イエスは同胞愛と敵への憎悪とが表裏一体になるような「隣人愛」を批判し、それを逆転させて「敵を愛せよ」とまで言い切り、「敵を愛し、自分を迫害するもののために祈れ」と教えたのです。そして、ここにキリスト教がユダヤ教という民族宗教をこえて、人類の宗教として展開していく重要な要因のひとつがありました。

以上、友情について、古代メソポタミアの『ギルガメシュ叙事詩』から出発し、イエスの愛敵の教えまで辿らせていただきました。大げさに言えば、人類の精神史の一端を紹介させていただいたということです。そして、聖書の思想と信仰がそうした人類の精神史に根ざしつつ、そこから新たな方向に踏み出してゆく模様の一端に触れさせていただきました。

ご清聴いただき、ありがとうございました。

（鳥居山荘夏の集い、二〇一六年八月二八日）

旧約聖書における物語文学の構造と主題

　創世記から列王記にいたる旧約聖書前半の「九書」は、冒頭の神話的色彩の濃い物語群にはじまります。続いて、古代イスラエルの父祖たちの物語、「出エジプト」からカナン定住にいたる民族の最初期の歴史物語を経て、士師たちの物語、サムエル、サウル、ダビデの物語へと展開してゆきます。ダビデを継いだソロモン時代から王国時代の終焉までは、総じて、歴史記述といってよいのですが、そこにも、エリヤ・エリシャ物語など、いくつもの物語が挿し挟まれています。旧約聖書は、じつに、物語の宝庫といえましょう。

　これらの物語は、天地創造からイスラエルの誕生とダビデ王朝の成立、そしてエルサレム陥落とバビロニア捕囚にいたるイスラエルの民の歴史という、大きな流れのなかに位置づけられていますが、そのなかでも、たとえば、ヨセフ物語、士師エフタやサムソンの物語、ダビデとバトシェバ物語などは、自己完結性の高い物語文学である、といえましょう。

旧約聖書には、これらの物語とは別に、独立した一書として伝えられる作品が存在します。ルツ記、ヨナ書、エステル記の三書がそれです。これらの書は、それぞれに異なる時代が設定され、それ自体で完結する物語として伝えられました。作者は知られていませんが、旧約聖書の研究者たちは、これら三書をまとめて「物語文学」と呼びならわしています。この講座では、以下、これら三書に伝わる物語文学の構造と主題とを探ってみたいと思います。

1　物語の主題と鍵語・鍵語句

物語の構造に立ち入る前に、物語の主題に短く触れておきましょう。私たちはしばしば、この物語の主題は何であろうか、などと問いますが、通常、物語の主題は読者がそこから読み取り、感じ取るたぐいのものであり、物語にあらかじめ提示されているわけではありません。物語を読み進めてゆくなかで、物語と読者との間に、思想や価値観をめぐる暗黙の対話や対決がおこります。そのような過程をへて、その読者の心のなかに物語の主題は浮かびあがるのです。ですから、主題は自明の所与として物語にそなわっているのではありません。むしろ、読者によって発見されるものです。ということは、物語の主題は読者の主観性と無縁ではありえないことになりましょう。

そうであるならば、物語の主題を客観的につかみ出す方法はないのでしょうか。ありました。主題をつかみ出すために、古くから試みられてきた方法の一つは、作品に繰り返され、言い換えられる語句を見つけ出すことでした。こうした語句は作品の主題を表す鍵となるとみられ、鍵語（キー・ターム）とか鍵になる語句（キー・フレーズ）と呼ばれます。音楽において、主題旋律が様々に展開してひとつの楽曲を構成してゆくのと似ているでしょうか。

旧約聖書研究において、このことを強調し、また実践してみせたのは故中沢洽樹《なかざわこうき》先生でした。中沢先生は、とくにイザヤ書とヨブ記に関して、その各単元に反復される、もしくは様々に言い換えられる語句を探りあて、そこに単元のモティーフを読み取ります。そして、単元ごとのモティーフをつなぐ要《かなめ》がその書全体の主題となる、と考えたのです。もっとも、中沢先生によるこうした探求は、イザヤ書やヨブ記などの韻文作品に限定されており、物語文学にこれが適用されることはありませんでした。

ところで、少しばかり本題とは離れますが、鍵語をつかみ出す視点という意味で、わたしを大いに啓発してくれたのは、丸山真男の「歴史意識の「古層」」（一九七二年）という論稿でした。ある民族の歴史意識の「古層」はその民族が伝えた神話に映し出されているはずだ、と考えた丸山は、古事記などが伝える「国生み神話」を旧約聖書の「天地創造物語」と対比することにより、その特色を取り出してみせたのです。丸山が着目したのは、旧約聖書の「天地創造物語」においては、「ツクル」という動詞が繰り返され、世界が「ツクラレタ」ものとして理解されるのに対して、「国生み神話」では「ナル」という、自然の「なりゆき」を表す動詞が繰り返される点でした。つまり、日本の神話において世界はおのずから「ナル」ものとして受けとめられているのに対して、旧約聖書は世界を「ツクラレタ」ものと理解している。そこに、わたしの見立てを付け加えるならば、世界は「ツクラレタ」という神話を伝える文化においては、造られた世界は造り替えられうる、という歴史変革の思想が培われうるだろう。しかし、「ナル」という、いわば自然の営みとして世界を受けとめる文化においては、歴史も社会も自然の「なりゆき」とみなされるがゆえに(「なるようにしかならぬ」「なんとかなる」)、そこから社会を変革する思想は生まれにくいにちがいありません。

創世記の「天地創造物語」と古事記の「国生み神話」の対比などとは、それぞれの専門研究者には思いもおよばないことでした。ところが、丸山真男は「ツクル」と「ナル」という、ごくありふれた動詞の用法に着目して、両者を対比してみせたのです。わたしは、若き日に、その慧眼に驚かされると同時に、鍵語は特定の概念を表す抽象名詞とは限らないことを学ばされたのでした。

もっとも、丸山真男が創世記の「天地創造物語」と古事記の「国生み神話」を対比するなかで、見落としていた重要な点もありました。前者が人類および世界という視座から物語を語り出すのに対して、後者には人類や全世界といった視座が完全に欠落している点がそれです。古事記において、イザナキとイザナミが生み出す世界は、日本列島の四国、九州、本州の西半分に限られています。しかし、古事記の成立した八世紀初め、すでに朝鮮半島、中国、天竺(インド)に関して、日本には相当の情報が入っていました。最近、発見された木簡によれば、大和朝廷には波斯(ペルシア)から来た役人までもが仕えていたといいます。ところが、古事記の「国生み神話」においては、いっさい、これらの国々に言及することがないのです。それとは対照的に、「天地創造物語」とそれに続く人類太古の物語群（「楽園喪失」「カインとアベル」「洪水物語」「バベルの塔」）は、逆に、これらの物語を残したイスラエルの民にも、イスラエルの国土にも触れることはありません。むしろ、人類および全世界という視座から物語は語られます。じつは、古代イスラエルの民が伝えた旧約聖書が人類の古典になりえたのは、このような普遍的な視座のゆえでもありました。他方、古事記や日本書紀は、人類、世界といった視座を欠如させているがゆえに、日本の古典にはなりえても、人類の古典にはなりにくいのです。

いささか横道にそれてしまいました。鍵語・鍵語句の問題に戻り、旧約聖書全体を見渡しますと、鍵となる単語や語句を探し出し、そこから作品の主題をとらえようとする研究方法は、預言書や詩歌といったジャンルには有効性を発揮するとみられますが、場面や情景さらに人間関係が展開してゆく物語作品に、この方法をそのまま応用することはむずかしいのではないか、と思われます。

2　文芸学的分析と物語の主題

比較的最近、一部の研究者の間に文芸学的聖書研究がひろまっています。文芸学に通じていないわたしなども、しばしば、そうした研究を目にします。そのなかで、とくに目を惹くのは、文という小さな単位で言えば「交差配列法」と呼ばれる修辞法、すこし大きな文学単元でいえば「集中構造」とか「枠構造」と呼ばれる叙述法ですが、ここでは、とくに文学単元でみる「集中構造」に関して、わたしが取り組んできた詩篇五八篇を事例にとって、確認してみましょう。

この詩篇は一二節からなる比較的短い作品です。内容的には神の審きを願う祈りとみられ、1節の表詞を別にしますと、全体は五つの段落から構成されています。

最初の段落（2―3節）では、預言者の批判的言辞を思わせるような、激しい糾弾の言葉が発せられます。糾弾されているのは「神々」ですが、すぐさま「人の子ら」と言い換えられますので、じっさいには地上の支配者たちのことです。彼らは公正な審きをせず、暴虐を正当化している、と詠い手は糾弾するのです。次の段落（4―6

節）では、前段落で「神々」「人の子ら」と呼びかけられた者たちを、さらに、「邪悪な者たち」「虚偽を語る者たち」と言い換え、彼らはすでに母の胎内にいたときから道をそれ、毒蛇のような害毒を流してきた彼らは、呪術師の呪文にも耳を貸さない、矯正しがたい頑迷な角蝮《つのまむし》のようだ、と断罪します。

第三段落（7節）では、神に向かって、彼らの歯を叩き折ってください、彼らの顎を撃ち砕いてください、と懇願します。その際、彼らのことを獰猛な「若獅子」と呼んでいます。第四段落では（8—10節）、そのような彼らが水のように流れ出し、草のように枯れ果て、雑草のように吹き飛ばされるがよい、と一種の呪詛の言葉を投げかけます。そして最後の段落において（11—12節）、暴虐をはたらく者たちには神からの審きが実現し、彼らに苦しめられていた義人たちはそれを見て喜ぶであろう、と詠いあげ、全体が締めくくられます。

このような詩篇は、詩の構成という観点から、先に述べた「集中構造」が認められるとみられます。地上で不正な審きと暴虐をはたらく者たちを糾弾する第一段落を〈A〉とすれば、それとは逆に、暴虐をはたらく彼らが義の神によって審かれることを詠う最後の第五段落は〈A′〉となりましょう。また、矯正しがたい彼らの頑迷さを暴露する第二段落を〈B〉とすれば、彼らの悲惨な滅びの結末を願う第四段落は〈B′〉となります。そして、彼らに対する神の厳しい処罰を願う第三段落を〈C〉とすれば、詩篇五八篇には、〈C〉を中心とする、次のような集中構造が見て取れるというのです。

A　地上の支配者たちの不当な審きと暴虐
B　彼らの矯正しがたい背きと頑迷の暴露
C　彼らに対する神の厳しい審きの懇願
B′　彼らの悲惨な滅びの結末を念じる呪詛
A′　彼らへの神の審きの実現と義人の喜び

このような詩篇五八篇の構成には、不当な審きを行う者たちに対する神からの審きの実現が明示され、彼らと彼らに抑圧される者たちの立場の逆転が詠いだされていいます。そして、その逆転は中央に位置し、神の審きを懇願する段落〈C〉であるとみられます。この詩篇の場合、中央におかれた段落〈C〉に詠い手の念願がこめられていますので、これを「集中構造」と呼びますが、はじめに主題が提示され、終わりの部分でそれが変奏されるような場合、「枠構造」あるいは「囲い込み構造」などと呼ばれます。

ただし、このような観点から文学単元を分析しようとする場合の方法論は、研究者の間でも、いまだ確定しているとは言いがたいように思われます。なによりも、分析する文学単元や文学単位をどのように見定めるのか、といった客観的な基準はありません。また、具体的な分析に際して、この場合であれば、〈A〉と〈A′〉、〈B〉と〈B′〉となりますが、これらを関連づけるものは、両者に共通する語句なのか、それとも思想内容なのか、研究者によってまちまちです。物語の単元分析では、しばしば、そこに使われている固有名詞や登場人物に着目する場合も少なくありません。

このようにみますと、「集中構造」とか「枠構造」といった視点から作品を分析する場合の方法論は、いまだ、確立していないと言えそうです。少なくとも、後に取り上げる旧約聖書の「物語文学」の分析には有効にはたらきそうにありません。

3 「構造主義」と物語分析

第二次大戦後、物語の読み方に関して、新しい流れをつくった思想動向のひとつに「構造主義」がありました。フランスの人類学者クロード・レヴィ＝ストロースによる親族構造の分析や神話分析が「構造主義」と名づけられましたが、一九七〇年代から「構造主義」は文学研究にも少なからぬ影響を及ぼしてゆきました。レヴィ＝ストロース自身も「構造主義」の立場から神話分析を試み、オイディプス神話を例に取りあげて、その具体的分析方法を次のように提示しています。

神話のなかで起こる個々の出来事を一つずつ一枚のカードに一つの文で書き取って、これに通し番号をつけ、通し番号順に読めば、その物語の筋が追えるようにする。そのうえで、カードに記された一文を、通し番号とは関係なく、内容ごとに分類してみる。すると、それらのカードがいくつかに類別されるだろう。類別されたカードから、「天と地」「自然と文化」「動物と人間」「水と火」「男と女」「誕生と死」「敵と味方」等々、様々な二項対立概念があらわれてくるにちがいない。そこから、対立する価値や観念や領域が、互いに対立しながらも、共存している生活世界が表出されていることが理解され、「対立するものの一致」（coincidentia oppositorum）と呼びうるような神話の機能的側面が見てとれよう。

レヴィ＝ストロースはそこに、物語の展開だけを追って読んでいても見えてこない神話の隠れた構造と主題を見て取ったのです。このような分析は「共時的な構造分析」と呼ばれます。とりわけ、意図的な編集や操作を経ていない神話のような物語分析に有効性を発揮します。しかし、聖書にみられるような、神学的意図に基づく編集過程を経た物語の分析にはこうした構造分析は適さない、とレヴィ＝ストロースは考えました。そこで、彼自身はユダヤの伝統に通じてもいましたが、旧約聖書の物語分析に立ち入ることはありませんでした。それでも、物語の共時的構造を見きわめることにより、そこに隠された構造と主題がありうることを示した点で、レヴィ＝ストロースにはじまる物語の構造分析の重要性は変わりません。

物語には一定の構造があり、それが物語の「意味」や「主題」と深く関わる、ということを明らかにしたレヴィ＝ストロースによる神話の構造分析は、その後、伝承文学の読み方に大きな影響を及ぼしました。物語は、それが成立する時代的・社会的背景に照らすのでもなく、登場人物の魅力ある個性に焦点を合わせるのでもなく、読者を惹きつける文学性（「真実味」）を重視するのでもなく、物語自体に秘められた一定の構造に着目する読み方がある、ということに気づかせてくれたのです。こうした視点から、たとえば、英国の人類学者エドマンド・リーチは旧約聖書の共時的な構造分析に取り組みました。

レヴィ＝ストロースの神話分析とは別に、アメリカの神話学者ジョセフ・キャンベルもまた「英雄物語」に共通する基本構成を示してみせました。それを最も単純化して図式化すれば、次のようになりましょう。

①出立（departure）
→ ②変容（transformation）
→ ③帰還（return）

英雄物語のこのような構成は、旧約聖書においては、モーセの「召命」物語にみることができるでしょうか。エジプトの王宮で育ったモーセは、自らが犯した殺人行為の発覚を怖れて、ミデヤンの地に逃れます（「出立」）、そこで、ミデヤンの祭司の娘たちを助け、その娘の一人ツィッポラと結婚し、羊飼いとなって息子をもうけます（「変容」）。ところが、「神の山」で顕現した神から、エジプトで奴隷として苦しむイスラエル民の解放を託され、エジプトにもどるのです（「帰還」）。物語はここで完結するわけではないのですが、出エジプト前史ともいうべきこのような物語には、しばしば英雄に伴う「捨て子伝説」に似た出生譚とも相俟って、モーセの英雄像が織り込まれているのかもしれません。

父祖ヤコブの物語などにも、多少ともこれに似た物語構成が認められるでしょうか。双子の兄エサウを出し抜いたヤコブは、エサウの怒りを買って、母の故郷に逃れます（「出立」）。そこで、母リベカの兄弟ラバンの二人の娘レアとラケルと結婚し、後のイスラエル部族の名祖となる子どもたちをもうけます（「変容」）。そして、豊かになったヤコブはラバンのもとを逃れ、家族を連れて故郷に戻るのです（「帰還」）。しかし、それぞれの場面にヤコブの狡猾な「駆け引き」が伴うという意味で、ヤコブは英雄らしからぬ英雄でもありましょう。

もっとも、本日取り上げようとする「物語文学」は英雄物語ではありません。したがって、このような英雄物語の構成とは疎遠です。それでも、ルツ記のはじめには、ナオミのモアブ往還（「出立」と「帰還」）が描かれています。しかも、その間に、母であり妻であった彼女が夫と二人の息子に先立たれて、寡婦となるのですから、そこに彼女の「変容」をみることもできましょう。この場合は、しかし、期待を抱いて出立したナオミは惨めな姿で、失意のなかに帰還するのですから、成長して帰還を果たす英雄たちを反転させているかのようです。

ヨナ書にも、英雄物語の変形をみることができるかもしれません。ニネヴェに行って、神の警告を告げよ、と神に命じられたヨナは怖れを抱き、神のもとから船で逃げ出そうとしました。ところが、嵐のなかで海に投げ込まれ、大魚に呑み込まれます。ヨナは大魚の腹のなかであらためて神に祈ります。ヨブはふたたび陸地に吐き出され、ニネヴェで神の警告を告げ知らせるのです。ここには、出立→変容→帰還という英雄物語の基本構成が、神からの逃亡、救済体験、神への帰順というかたちに変えられている、とみることもできるでしょう。ここにも英雄らしからぬ英雄が描き出されます。

そもそも旧約聖書は、理想化された英雄像を残しませんでした。

4　構造意味論

フランスにおいて構造主義の影響を受けながら、独自に物語の「構造意味論」を探求した研究者にリトアニア出身のA・J・グレマスがいました。彼は「意味」を伝える物語構造に目を向け、ウラジミール・プロップの『昔話の形態学』などをも参考にしつつ、次のような物語の構造モデルを提示してみせました。

与え手　→　対象　→　受け手
　　　　　　　↑
援助者　→　主体　←　敵対者

このような図式だけでは抽象的すぎてわかりにくいと思いますので、広く知られた日本の昔話「花咲か爺」を例にとって説明してみましょう。「花咲か爺」は、最後に、正直爺さんがお殿様の前で枯れ木に花を咲かせて見せ、お殿様からご褒美をたんまり贈られた、という話です。したがって、この図式では「与え手」がお殿様、「対象」がご褒美、「受け手」が正直爺さん、ということになります。これが実現するのは、正直爺さんが燃やされてしまった木臼の灰を木の枝に振りかけるからですが、その木臼は可愛がった犬のポチのお墓に育った木で作ったものでした。したがって、物語の「主体」つまり主人公は正直爺さんですが、犬のポチが正直爺さんを助けたのです。そこで、「援助者」が犬のポチです。もう一人の登場人物である意地悪爺さんは、それを妨げようとした「敵対者」であることがわかります。

与え手（お殿様）	↓	対象（ご褒美）	↓	受け手（正直爺さん）
		←		
援助者（犬のポチ）	↓	主体（正直爺さん）	↑	敵対者（意地悪爺さん）

グレマスが提示したこのような図式は、民話や昔話のような物語に見られるだけではありません。私たちがあるメッセージを「物語」にして語り伝えようとするとき、

多くの場合、意識せずして、こうした図式が用いられるのです。たとえば、わたしの学生時分、マルクス主義の立場に立つ学生たちが熱く語っていた革命論に基づく歴史理解がそうでした。彼らは、人類社会には、いずれ、階級のない平等で豊かな社会が実現するし、実現させねばならない、と考えました。これをグレマスの図式で言えば、歴史の必然が「与え手」であり、人類が「受け手」であり、「対象」は階級のない理想的な社会となるでしょう。そして、それを実現させる「主体」は、抑圧され、搾取されている労働者階級です。それを支援する「援助者」は前衛政党としての共産党です。それを阻止しようとする「敵対者」は資本家たちであり、それを支えるブルジョワ階級だ、ということになります。

与え手（歴史の必然）	→	対象（理想社会）	→	受け手（人類）
		↑		
援助者（前衛政党）	→	主体（労働者）	←	敵対者（ブルジョワジー）

あるいは、キリスト教の救済論もこのような図式で説明されましょうか。神さまは堕落した人類の罪を赦し、いつの日か、究極的な救済を象徴する「神の国」を実現してくださる。そう信ずるキリスト教信仰において、「与え手」は神であり、「対象」は「神の国」、「受け手」は人類となります。そして、それを実現してくださる「主体」が、人類の罪を赦すために神から遣わされ、十字架に死んで三日目に復活された神のみ子キリストでしょう。それを阻もうとする「敵対者」はいうまでもなくこの世の悪しき勢力としての悪魔、逆に、イエス・キリストの側について、「神の国」の到来を準備するのが、地上における「キリストの身体」としての教会となるでしょうか。

キリスト教もマルクス主義も同じである、と言いたいのではありません。歴史的には、むしろ、マルクス主義の歴史観がキリスト教のそれを下敷きにしたのかもしれません。じっさい、マルクス主義からキリスト教に転向したロシアの思想家N・A・ベルジャーエフは、マルクス主義をキリスト教の世俗化した形態である、とみていました。しかし、ここで重要なことは、キリスト教とマルクス主義の関係ではありません。そうではなく、私たち人間が重要な思想や信仰を伝えようとして、それをひとつの「物語」として語り出そうとするとき、そこに共通した「物語の構造」があらわれる、ということです。

その点で、また横道にそれますが、わたしは学生時代に興味深い体験をしました。わたしは大学に入学して、あるセツルメント活動をするサークルに入会したのですが、その部室の近くに「現代中国研究会」や「朝鮮問題研究会」という左翼系サークルの部室もあり、ときどき、そこに立ち寄り、たしか『人民画報』や『朝鮮画報』といったグラビア雑誌をみせてもらっていました。そこで気づいたことのひとつは、若き毛沢東や金日成を描いた姿や構図がイエス・キリストのそれによく似ている、ということでした。井岡山から延安までの中国紅軍の「長征」のさなか、寒村で幼子を抱き、希望の将来を語る毛沢東の姿が、あるいは満州における抗日戦線のさなか、同じく幼子に囲まれて、子どもたちに語りかける金日成の姿が、構図上、子どものときに教会学校でもらった小さなカードに描かれていたイエス・キリストの姿とそっくりだったのです。

大学二年次からは、大学闘争の嵐が全国に吹き荒れました。わたしは、当初、大学の建物を占拠する学生たちの主張を理解できませんでしたが、彼らの抗議集会に出てみますと、その形式が教会の礼拝に似ていることに気づかされました。集会の中心はリーダーによる「アジ演説」で、社会の抑圧や矛盾を、それに迎合する大学の姿勢を糾弾し、それを打破すべく勇ましく戦おう、と訴えるのですが、人間の罪とそこからの救済を語る教会の説教のように響きました。その都度、学生たちは「異議なーし」と応答しましたが、それは教会で信徒が唱える「アーメン」に似ていました。集会で歌う労働歌はいわば讃美歌でした。「カンパ袋」はさしずめ献金袋でした。さらに、「全共闘」の集会に集う学生たちが最も好んだ歌は「ワルシャワ労働歌」でしたが、そこには「これが最後の闘いだ」といった終末論を思わせる表現があり、「聖なる血にまみれよ」といった宗教的な語彙もちりばめられていたのです。

私たち人間は信ずるものを極端に重要視し、絶対化すると、それが宗教とは無縁であっても、おのずと宗教的なかたちをとるようになる、ということでしょうか。そうした観点に立つと、キリスト教の救済論とマルクス主義の歴史観が、その構造において共通するとしても、不思議ではありません。また、異なる文化のなかで伝えられる物語が共通の構造をもつとしても不思議ではありません。

横道がいささか長くなりましたが、グレマスが提示した「構造意味論」の図式がもつ汎用性の高さを指摘したうえで、グレマスの「構造意味論」図式を旧約聖書の「物語文学」に適用できるかどうか、確かめてみたいと思ったのです。

5　王妃エステルの物語

旧約聖書には、「神」という単語が用いられることのない書が二つあります。その一つがエステル記、もうひとつが雅歌です。とくにエステル記は教会で読まれることの多くない書の一つだと思います。その理由の一端は、この書がユダヤ民族主義に彩られていることにあるのかもしれません。

物語は、ペルシア王クセルクセスの宮廷を主たる舞台としています。王の命令に従わなかった王妃ワシュティに代わって、新しい王妃に選ばれたのがエステルでした。彼女は父母をなくし、従兄にあたるモルデカイに養育された美しいユダヤ女性でした。彼女が王妃となった後、王暗殺の計略があることを知ったモルデカイは、エステルを通じて、これを王に伝えたため、王は難なきをえます。その後、ハマンという人物が王宮で重用され、権力を手にしますが、モルデカイが彼にひれ伏さなかったために、ハマンは帝国内に住むユダヤ人を根絶やしにすることを画策し、クセルクセス王の名でユダヤ人殲滅の命令を発布しました。

それを知ったエステルは王とハマンを招いて宴会を開きました。それに先だち、王は彼の暗殺計画を教えてくれたモルデカイを顕彰し、宴会の席ではエステルに、願うことはなんでも叶えよう、と約束します。そこでエステルはハマンによるユダヤ人殲滅計画を暴露し、ハマンを失脚させるのです。ハマンはモルデカイをつるすために立てた柱につるされてしまいます。そして、ユダヤ人殲滅の命令は王の名で撤回され、逆に、ユダヤ人を迫害する者たちを討伐する許可がくだることになりました。

クセルクセス1世

ユダヤ人が王妃エステルによって殲滅を免れたこの物語を祝うユダヤ教の祭を「プリム祭」といい、今日でもユダヤ人の間で、アダルの月の一四、一五日にこれが祝われます。アダルの月は今の三月半ばにはじまる古い陰暦の第一二の月ですから、現暦では二月後半から三月前半にあたります。ユダヤ人の間では「ハマンの耳」と呼ばれる、生地をたたんで焼いた菓子がふるまわれます。

このような王妃エステルの物語は、クセルクセスの宮廷が舞台ですので、ペルシア時代を背景にしており、翻訳聖書では、同じくペルシア時代を背景とするネヘミヤ書に続きます。しかし、物語自体は史実に基づくわけではありません。アケメネス朝ペルシアにはクセルクセスと名乗る王は一世と二世がいました。二世は即位二ヶ月後に暗殺されましたので（前四二四年）、エステル記はクセルクセス一世（在位、前四八六—四六五年）を念頭においていますが、歴史上、エステルと名乗る王妃は存在しません。そもそもエステル（'Estēr）という女性名自体がメソポタミアの大女神イシュタル（Ištar）から、男性名モルデカイ（Mord^{o}kay）もまたバビロニアの主神マルドゥク（Marduk）から採られています。物語は伝統的なバビロニアの神々をパロディ化していることになりましょう。

もっとも、ユダ捕囚民がバビロニア捕囚から解放された後も、ペルシア帝国に残留した者は少なくありませんでした。最近、バビロニア時代からペルシア時代にかけて、メソポタミアには「ユダの町」と呼ばれる町があり、そこで活発な経済活動をしていたユダヤ人の記録を粘土板に刻んだ楔形文字資料が知られるようになりました（参考文献、Pearce/Wunsch)。ペルシア時代からヘレニズム時代にかけて、ユダヤ人が西アジア世界に散在していたのです。彼らはディアスポラ(「離散、散在」)のユダヤ人と呼ばれます。そのことは、ペルシアのアルタクセルクセス(一世、在位前四六五—四二四年、クセルクセス一世の息子)の時代、エズラが律法学者としてペルシアからエルサレムに帰還し(エズ七7—10)、ネヘミヤもまた総督としてペルシアからエルサレムに遣わされたこと(ネヘ二1以下)などからも確認できましょう。

こうしたことをふまえますと、エステル記も、ペルシア時代からヘレニズム時代にかけて、西アジア世界で起こりえたユダヤ人に対する迫害という事態をふまえた物語であることがわかります。ダニエル書なども、ユダヤの民の独自の神信仰ゆえに彼らが迫害を受ける、という事態を書きとめています(ダニ三8以下、六12以下他)。

このような背景をもつエステル記ですが、じつは、その物語はグレマスの「構造意味論」の図式がみごとに適用しうる構造をもっています。

与え手（クセルクセス）→ 対象（保護）→ 受け手（ユダヤ人）

↑

援助者（モルデカイ）→ 主体（エステル）← 敵対者（ハマン）

物語全体は、ペルシア王クセルクセスの時代、帝国内に住むユダヤ人が殲滅の危機を免れ、保護を与えられたことを語っています。物語の大きな主題は、ペルシア王によるユダヤ人保護におかれていると申せましょう。グレマスの図式にあてはめれば、ペルシア王がユダヤ人に保護を与えた、というのですから、「与え手」はペルシア王クセルクセス、「対象」はユダ人保護の勅令、「受け手」は帝国内のユダヤ人たちということになります。そして、クセルクセスによるユダヤ人「保護」を実現させたのは、いうまでもなく、王妃エステルですから、エステルが物語の「主体」つまり主人公です。そして、彼女を支える「助け手」が彼女を養育した従兄のモルデカイであり、「敵対者」がハマンであることは言うまでもありません。

すでに、エステル記には「神」という単語はいっさい用いられない、と申しました。ペルシア王クセルクセスに決断を促したのはエステルですし、そのエステルに助言を与えたのはモルデカイでした。ユダヤ人を殲滅の危機から救ったのはこれらの登場人物でした。しかし、この物語を読み伝えたユダヤ人たちは、物語の背後に見えない神のはたらきを読み取ったにちがいありません。否、あえて「神」を登場させないことによって、読者自身にそのことを気づかせようとしたのかもしれません。

6 「モアブの女性」ルツの物語

ルツ記は旧約聖書の物語のなかでも文学的な香りがする「珠玉の小品」といってよい作品です。また、異邦の女性ルツが主人公となる点においても、旧約聖書のなかでルツ記はきわだっています。

物語は「士師たちが治めていた時代のことである」とはじまるので、いわゆる士師時代に舞台が設定されています。それゆえ、翻訳聖書では士師記とサムエル記の間に配置されていますが、ヘブライ語の聖書においては詩篇からはじまる「諸書」に属し、メギロートと呼ばれる五つの書の最初におかれています。これに雅歌、コヘレト書、哀歌、そしてエステル記が続きます。

文学的な香りがする、といいましたが、文体面では、物語の進行を促す地の文がじつに簡潔で明快に記されるのです。また、物語の主要場面は登場人物同士の会話によって構成されています。そして、その発言は淡々として上品です。発言者の感情がじかに露出することはありません。たとえば、失意落胆は神からくだされた災いの結果として受けとめられ(一21)、相手をいたわる気持ちは神ヤハウェからの祝福を願うかたちで表明されます(一8、二12、三10他)。加えて、人間の怒りや嫉妬といった否定的感情が物語を動機づけることもありません。そして、物語の場面展開はごく自然であり、出来事に直接的な神の介入もありませんし、奇蹟も起こりません。

物語は、飢饉を逃れて、ナオミが夫エリメレクと二人の息子とともにベツレヘムからモアブの野に移住するところからはじまります。二人の息子はモアブの女性と結婚しますが、ナオミは夫エリメレクに、続いて二人の息子に先立たれてしまいます。風のたよりに、故郷ベツレヘムでは飢饉がおさまったと耳にしたナオミは、まだ若い二人の嫁に実家に戻り、再婚するように勧めると同時に、自分は一人で帰郷することを

ミレー『ルツとボアズ』（1850/53）

決断します。ところが、嫁の一人ルツは「あなたの民は私の民、あなたの神は私の神です」と言って、ナオミを離れようとはしません。そこで、ナオミはルツを連れてベツレヘムに戻りました。ベツレヘムの女たちは口々に「これがあのナオミですって」と言います。ときは大麦刈りのはじめでした。

ナオミはルツを「落穂拾い」にゆかせます。古代イスラエルでは、麦を収穫する際、畑に落ちた落穂は寄留者や寡婦や孤児といった土地をもたない貧しい者たちが拾うことができる、とモーセの律法に定められていたのです（レビ一九9他）。たまたま、ナオミの夫エリメレクの親族にあたるボアズの畑でかいがいしく落穂を拾うルツをボアズが見初めます。そこで、ナオミの助言を得て、大胆にも、夜半、ルツはボアズが眠る麦打ち場を訪ねるのです。驚いたボアズでしたが、ナオミとルツを「贖《あがな》う」約束を与えました。「贖う」とは、モーセの律法によれば、負債を抱えて譲渡した土地を、あるいは債務奴隷になった者を近しい親族が「買い戻す」ことでした（レビ二五23以下、39以下）。ここでは、しかし、耕作する者がいなくなったエリメレクの耕地を、二人の寡婦ナオミとルツともども、引き取ることを意味します。

翌日、ベツレヘムの城門において、エリメレクの耕地を贖う優先権を有する人物が、「モアブ人女性」ルツをも贖わなければならないと聞いて、権利を放棄します。当時、城門は公的な交渉事を行う場所でした。そこで、ボアズはエリメレクの耕地をナオミとルツとともに贖い、ルツを妻とするのです。町の長老たちがその証人でした。神はたして、ルツに男児が授かります。すると、ベツレヘムの女たちはナオミに、神は「あなたに贖い主を与えてくださった」（四14）、「ナオミに男児が生まれた」（同17）と言って祝福しました。異郷で夫と二人の息子を失い、「辛い女」と呼んでほしい、とまで言ったナオミは、「モアブ人女性」ルツのおかげで、ふたたび嗣子と家族の幸せを手にすることになったのです。物語は、最後に、ルツがボアズに生んだ息子オベドの息子がエッサイ、その息子がダビデであることを付記して閉じられます。

ルツ記の成立時期に関しては、正確なことはわかっていません。「落穂拾い」「贖い」そのほかのルツ記が前提にする法慣習とモーセの律法との微妙な関係は十分に解明できているわけではありませんし、人称代名詞の用法において、男性形と女性形を混用するといった言語的な特徴も時代を確定する指標になりえません。しかし、この物語が王国時代に、いわんや士師時代に、成立した作品でないことは明らかです。最後に申し上げるように、ルツ記の思想をふまえるならば、ペルシア時代が最もふさわしいと思われます。

では、このようなルツ記にもグレマスの「構造意味論」の図式にあてはまるような構造が見て取れるでしょうか。ルツ記の終わりの部分でなにほどか奇妙に響くのは、すでにふれましたが、ルツが男児を生んだときに、ベツレヘムの女たちがルツでなく、ナオミを祝福して、「あなたに「贖い主」を絶やさなかった（神）ヤハウェは讃えられよ」と言い、「ナオミに息子が生まれた」とまで言うことです。この発言を重視しますと、ルツ記は夫と二人の息子を失ったナオミに神ヤハウェが「贖い主／息子」を授けた物語であるといえましょう。それを実現する「主体」は、いうまでもなく、モアブの女性ルツ、援助者はナオミとルツを「贖う」ボアズです。
　これを阻害する「敵対者」は明確な形では登場しません。ボアズにまさる「贖い」の権利を有していた近親者でしょうか。この近親者は「モアブ人女性」ルツをも一緒に買い取らなければならないと聞いて、「贖う」ことを拒絶するからです。これを言い換えれば、ルツが「モアブ人女性」であったということが、物語の潜在的な阻害要因になっていた、とも言えましょう。ルツの異邦性が克服される点に、ルツ記の最も重要な思想を見て取ることができますが、その点は、最後に、もう一度、触れさせていただきましょう。

与え手（神ヤハウェ）→ 対象（贖い主／息子）→ 受け手（ナオミ）
↓
援助者（ボアズ）→ 主体（ルツ）← 敵対者（近親者／ルツの異邦性）

7　逃げ出した預言者ヨナ

ヨナ書は一二小預言書のなかにありながら、預言の言葉が編集された狭義の預言書ではありません。アミタイの子ヨナがニネヴェの住民に悔い改めを宣べ伝えるという異色の物語作品です。

ヨナは神ヤハウェから悪徳の町ニネヴェに行き、悔い改めを勧告すべく命ぜられました。しかし、ヨナはヤッファの港から、ニネヴェでなく、タルシシュ行の船に乗って、ヤハウェのもとから逃げ出そうとしたのです。ところが、その船は海上で嵐に遭遇し、難破しそうになります。そこで、この災難の原因を知ろうとして、乗船した人たちが籤を引きますと、ヨナに当たってしまいます。ヨナは覚悟し、人々はヨナを海に投げ込むのです。こうして、嵐は止みました。

嵐の海に投げ込まれたヨナは、大魚に呑み込まれ、三日三晩、大魚の腹で過ごし、ヤハウェに祈りをささげます。三日目に、ニネヴェに近い岸辺に吐き出されたヨナは、ふたたびヤハウェの命令を聞き、今度は、ニネヴェの人々に神の審判が近いことを告

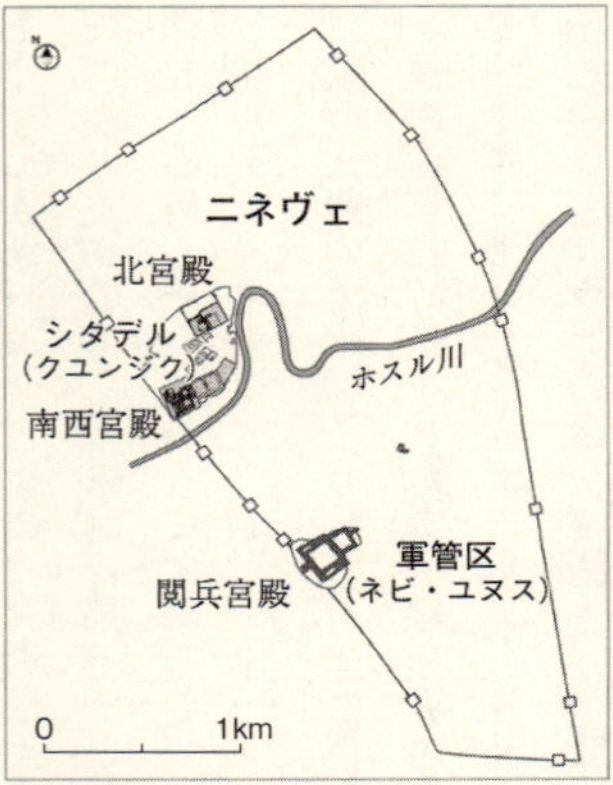

ニネヴェ全体図

知しました。それを聞いたニネヴェの人々は、王をはじめ、悔い改めて、悪の道から離れたので、神はニネヴェにくだそうとする災いを思い直しました。それに対してヨナは神に不満をぶつけますが、最後に神は、強い日差しからヨナを守るトウゴマを枯らし、これを「惜しむ」ヨナに、それと同じように、「私は一二万人以上も人間のいるニネヴェを惜しまずにいられようか」と告げました。

この物語の大筋は、神ヤハウェが審判を下そうとしたニネヴェが、ヨナの告知を聞いて、悔い改めたので、神はこれを「惜しみ」、災いを思い直した、とまとめることができるでしょう。「惜しむ」とは共感や同情を寄せる、という意味です。そして、そのことをじっさいに実現させたのは、ヨブによる滅亡の告知でした。ところが、当初、ヨブはニネヴェを怖れてでしょう、神から託された使命から逃れようとしたのです。嵐の海では、同船者たちが彼を海に投げ込みましたが、そのままであれば、ニネヴェに神の言葉を告げることも、したがって、ニネヴェの悔い改めも実現しなかったはずです。ところが、ヨナを呑み込んだ大魚が、彼を神の使命遂行へと戻すのです。これらを、グレマスの図式に当てはめれば、次のようになるでしょうか。

与え手（神ヤハウェ）	→	対象（悔い改め／同情）	→	受け手（ニネヴェ）
		↑		
援助者（大魚）	→	主体（ヨナ）	←	敵対者（ヨブの不従順／同船者たち）

ヨナの物語も、もちろん、フィクションであって、史実を反映させたものではありません。そもそも海に投げ出されたヨナが大魚の腹のなかで三日三晩を過ごすなどとは、民話のモティーフではありえても、現実にはありえません。ニネヴェはアッシリア帝国の大都市でしたが、チグリス川中流域に位置しており、海辺に近くはありません。さらに、ニネヴェを一周するのに三日を要したという記述（三3）なども、実態とは大きくかけ離れています。ニネヴェは遺跡が知られており、当時の都市としては

破格の大きさを誇りましたが、町の周囲は一〇キロメートルほどでした。これらの点からみますと、前七世紀末にアッシリア帝国が滅亡してから相当の年月を経て、主都ニネヴェが伝説の町になった時期に、「アミタイの子ヨナ」という預言者を登場させて、この物語が成立したものと考えられます。「アミタイの子ヨナ」は、ほかには、列王記下一四章25節に一度だけ言及されています。アッシリアに滅ぼされることになる北イスラエル王国がヤロブアム二世の時代に領土を拡張したが、それは預言者である「アミタイの子ヨナ」が預言したとおりであった、と記されています。

8　民族主義と普遍主義——「構造意味論」図式の限界

このように見てきますと、旧約聖書の「物語文学」と呼ばれる三つの作品は、いずれも、グレマスによる「構造意味論」の図式にあてはまることがわかります。しかし、その一方で、物語の「構造」をこのように把握できたからといって、それで物語の基本的使信が理解されるというわけではありません。物語には、とりわけ聖書の物語には、このような物語構造という網では捕らえることのできない大切な点があることも、最後に、指摘しておかねばなりません。そのひとつは、エステル記、ルツ記、ヨナ書の三書の背後に横たわる「民族主義」の問題です。

エステル記が、バビロニアの主神マルドゥク（Marduk）と愛と戦いの女神イシュタル（Ištar）をパロディ化して、モルデカイ（Mordᵒkay）とエステル（'Estēr）という人物を造形化していることは、すでに紹介しました。それによって、ペルシア時代以降も根強く残るバビロニアの宗教伝統を茶化しつつ、ユダヤ民族主義を謳いあげているのです。ペルシア帝国内に居住していたユダヤの民が、エステルとモルデカイのはたらきによって、殲滅の危機を免れただけではありません。殲滅を画策した人物ハマンが報復というかたちで処刑され、最後には、ユダヤ人に迫害を加えようとした人々を、逆に、ユダヤ人たちが殺害するのです。そのとき殺害された人々は、数にして七万五〇〇〇人にものぼった、と記されています（エス九16）。

それに対して、ルツ記は、イスラエルの一家名を守った「モアブ人女性」ルツを描き出し、最後には、彼女とボアズの間に授かった息子オベドがダビデの祖父になったことを示すことによって、偏狭な民族中心主義を打破しようとするのです。ルツ記において、ルツは「モアブ人女性」であることが不必要に繰り返されていますが（一22、二2、6、21、四5、10)、じつは、古代イスラエルの民の間では、モアブ人の名祖が近親相姦によって生まれた息子であったと伝えられ(創一九30―38)、出エジプトの際、モアブの娘たちはイスラエルの子らを淫らなことに誘惑したと物語られていました(民二五1―3)。ですから、ルツ記がルツをモアビッヤー(mōʼabiyyāh)「モアブの女性」と繰り返すとき、じつは、「あの汚らわしいモアブ女」といったニュアンスがつきまとっていたのです。しかし、そのような「モアブ女」ルツの決断と行為をルツ記は「真実」という単語で言い表し(三10)、それがイスラエルの一家名を守り、ひいてはボアズと結婚し、ダビデ王朝へと連なった、と物語ります。このようなルツ記は、民族中心主義を掲げるエステル記とは対照をなす、といえましょう。

ペルシア時代、じつは、古代イスラエルの伝統的ヤハウェ信仰は狭隘で排他的なユダヤ民族主義と異民族を受容する寛容な普遍主義との間でせめぎ合っていました。排他的な民族主義は、たとえば、エズラ記やネヘミヤ記にみることができます。そこでは、捕囚から帰還した民が周辺異民族と結婚する事態を神ヤハウェへの背信行為と決めつけ、結婚を解消させる場面が描き出されています(エズ一〇1以下、ネヘ一三23以下)。そこには婚姻関係を結んではならない異民族として「モアブ人女性」も名指されています（ネヘ一三23）。

それに対して、同時代、たとえば、イザヤ書五六章などには、ヤハウェの律法を守るかぎりにおいて、異邦人も宦官も神ヤハウェの民である、という思想が語られています。ヤハウェは唯一の神であるがゆえに、あらゆる民族の神でもあり、やがて地上の諸民族がこの神を崇拝する時代が訪れる、という思想は、すでに王国時代の預言者たちが語っていたことでもありました。地上のあらゆる民がまことの神を崇拝するために、エルサレム巡礼に訪れる、という預言はイザヤとミカのそれが有名ですが（イザ二2―5、ミカ四1―3）、ほかにも、イザヤ書六〇章3節以下、エレミヤ書一六章19―20節、ゼファニヤ書三章9―10節、ゼカリヤ書八章20―23節、等々にみることができます。それは、また、詩篇に次のように詠われています。

神々のなかにあなたのような方はなく、
あなたのみ業のような業もありません。
あなたが造られた諸国民はすべて、
あなたのみ名をあがめるでしょう、

じつに、あなたこそは偉大にして、
不思議な業の数々を行われるお方、
あなた、あなただけが神です、と。（詩八六8―10）

排他的なユダヤ民族主義と包括的な普遍主義は、思想的にみれば、互いに相容れない立場です。これら二つの立場は、エルサレム第二神殿時代、旧約聖書を残した民の間で、せめぎ合っていたとみることができましょう。そして、エステル記は排他的な民族主義のなかで、ルツ記の場合は、逆に、包括的な普遍主義のなかで成立した物語文学であったにちがいありません。そして、旧約聖書は両者をそのまま併存させたのです。ここに旧約聖書の複眼的特色がみられます。後のキリスト教が偏狭な民族主義を放棄し、包括的な普遍主義を受け継いだことはいうまでもありません。

ニネヴェの人々が神の前に悔い改めたことを物語るヨナ書もまた、ルツ記と同じ普遍主義の立場に立っています。ヨナ書の場合、ニネヴェの人々がヤハウェを崇拝するためにエルサレム巡礼に赴くのではなく、ニネヴェにおいて神に立ち返ったのです。この点で、思い起こさせられるのは、エジプトとアッシリアを名指して、いつの日か

(「その日には」)、エジプト人はエジプトの地で、アッシリア人はアッシリアの地で、それぞれ祭壇を建て、まことの神ヤハウェを崇拝するようになる、と語るイザヤ書一九章19節以下の預言でしょうか。その預言は、「祝福あれ、わが民エジプトに、わが手の業アッシリアに、わが民イスラエルに」という言葉で閉じられています(同25節)。

旧約聖書に「物語文学」として残された三つの作品は、このように、ペルシア時代以後の重要な思想を語り出しています。とくに、女性を主人公とするエステル記とルツ記は、「構造意味論」の図式という点で、ほぼ同じ構造を示していますが、ユダヤ民族をめぐる思想と信仰という点では、まったく対照的です。しかし、物語構造論はこのように重要な思想的な差異を鮮明に浮かびあがらせてはくれません。物語の形態や隠れた構造に目を向ける物語論的研究の限界がここにあり、そこに物語論的研究が歴史批判的、思想史的研究によって補われなければならない理由もあるのだと思われます。

(上智大学キリスト教文化研究所、二〇一九年一一月)

主な参考文献

中沢洽樹「イザヤ書をどう読むか」、『中沢洽樹選集』第二巻、キリスト教図書出版、一九九九年、一二三頁以下。

丸山真男「歴史意識の「古層」」、『忠誠と反逆』ちくま学芸文庫、一九九八年所収。

月本昭男『詩篇の思想と信仰（Ⅲ）――第51篇から75篇まで』新教出版社、二〇一一年。

クロード・レヴィ＝ストロース「神話の構造」（一九五五年）、C・レヴィ＝ストロース（荒川幾男ほか訳）『構造人類学』みすず書房、一九七二年所収。

エドマンド・リーチ（鈴木聡訳）『聖書の構造分析』紀伊國屋書店、一九八四年。

ジョゼフ・キャンベル（倉田真木ほか訳）『千の顔をもつ英雄（上・下）』ハヤカワ・ノンフィクション文庫、二〇一五年。

ウラジミール・プロップ（北岡誠司ほか訳）『昔話の形態学』水声社、一九八七年。

アルギリダス・ジュリアン・グレマス（田島宏ほか訳）『構造意味論――方法の探求』紀伊國屋書店、一九八八年。

N・A・ベルジャーエフ（田中西二郎ほか訳）『ロシア共産主義の歴史と意味』（『ベルジャーエフ著作集』第七巻）白水社、一九七三年。
L. E. Pearce and C. Wunsch, *Documents of Judean Exiles and West Semites in Babylonia in the Collection of David Sofer*, Bethesda: CDL Press, 2014.

初出一覧

古典としての旧約聖書　日本聖書協会編『国際聖書フォーラム２００６講義録　今、聖書を問う。』日本聖書協会、二〇〇六年、五八―七二頁。

原初史の主題　『旧約学研究』第四号、日本旧約学会、二〇〇七年一〇月、一―一八頁。

旧約聖書の歴史記述と歴史観　『今井館資料館開館記念　内村鑑三と今井館聖書講堂――その歴史と存在意義』ＮＰＯ法人今井館教友会、二〇〇五年六月、三二―五九頁。

人はひとりではない――旧約聖書にみる愛の倫理　『無教会研究――聖書と現代』第八号、無教会研修所、二〇〇五年一一月、一―一八頁。

旧約聖書にみる苦難の理解　講演原稿。

歴史と信仰――預言者ホセアに学ぶ　『悲哀をこえて――旧約聖書における歴史と信

仰』教文館、二〇〇五年一二月、七七―九八頁。

主はわが牧者――ヤコブの生涯に学ぶ　『札幌独立教報』第三九九号、札幌独立キリスト教会、二〇一七年二月、一五―三〇頁。

旧約聖書と現代――一神教は暴力的か　『悲哀をこえて――旧約聖書における歴史と信仰』教文館、二〇〇五年一二月、一二一―一四六頁。

古代文学にみる友情　講演原稿。

旧約聖書における物語文学の構造と主題　川中仁編『旧約聖書の物語解釈』リトン、二〇二〇年一〇月、一二一―一六六頁。

旧版あとがき

　キリスト教が拠って立つ新約聖書を正しく理解するためには旧約聖書の研究が不可欠である。筆者は、学生時代、単純にそう考えて旧約聖書に取り組みはじめたのであった。しかし、その後、いくつか回り道をした、今もし続けている。そのひとつは楔形文書の研究である。旧約聖書の背景をなす古代オリエントの歴史や文化にじかに触れてみたい、と思ったからである。もうひとつは聖書考古学。一九七四年の夏、はじめて参加したイスラエルにおける遺跡の発掘調査体験が筆者に忘れがたい印象を残したことに端を発する。日本隊による発掘調査はその年をもって一旦は中断された。しかし、一九九〇年に再開され、今も継続されている。一九九八年以降、筆者はその旗振り役をつとめている。

　こうした回り道のなかではっきり見えてきたことのひとつは、意外にも、古代イスラエルの貧弱さであった。この民は政治的に古代オリエントに興った大国に翻弄され続けただけでなく、文化という点でも周辺諸国に劣っていたのである。ところが、その彼らが残した旧約聖書は、後に、人類の精神史に限りない影響を及ぼすことになる。そこからユダヤ教が形成され、キリスト教が誕生し、イスラム教もその思想の一部を引き継いだ。「アブラハムの宗教」と呼ばれるこれらの宗教は、今日なお、世界の重要な部分を形づくっている。古代オリエント文明の辺境の一弱小民族の間で培われた思想と信仰が、その後の世界を大きく変えることになったのである。これを人類の宗教史上におこった大いなる逆説と呼ぶとすれば、旧約聖書にはこの大いなる逆説の秘密が隠されているのではないか。

小著に採録された五つの講演は、いずれも、そうした秘密の一端を解きほぐそうとした筆者のささやかな試みである。それが十字架上で敗北したイエスを勝利のメシアと信じる新約聖書の信仰とどのように切り結ばれるのか、と問われれば、それは小著の範囲をこえる課題である、と答えるほかにないが、筆者の個人的な想いは行間に滲み出ているにちがいない。

これら五つの講演を整えて、小著にまとめられたのは聖公会出版の唐澤秩子氏である。氏は北星学園で行った筆者の講演（本書「原初史の主題」）を聞かれ、本書を企画し、刊行に関わるすべての作業を自ら引き受けてくださった。そのことを記して、氏に心より感謝する。

二〇〇八年二月四日

月本昭男

文庫版あとがき

無人島に本を一冊だけもっていってもよい、と言われたら、躊躇なく旧約聖書を選ぶよ、そこには人間をめぐるたいていのことが書かれているからね。三十年ほども前、西洋哲学研究者で、住職としてお経も読む友人は、そう言って筆者を励ましてくれた。こうした励ましのなか、筆者は半世紀をこえて旧約聖書研究に携わってきた。

ここに収められた文章はすべて、そのような研究成果をふまえつつ、旧約聖書に関心を抱かれる方々に語った講演原稿である。もっとも、幼い筆者の心に種が蒔かれ、若き日に、新島学園中学・高等学校（群馬県安中市）で、さらには東京大学学生キリスト教青年会（ＹＭＣＡ）の寄宿舎で培われた、ささやかな信仰が文章の端々に潜んでいるにちがいない。その点については、おゆるしを請うほかはない。筆者は今も、研究とは別に、経堂聖書会で教友とともに信仰の糧として聖書を学んでいる。

本書は、同じ表題で聖公会出版から二〇〇八年に刊行され、増刷された講演集の増補版である。この間、聖公会出版が解散となったこともあり、筑摩書房編集者の田所健太郎さんから、ほかの学術講演も加えて、ちくま学術文庫の一冊として刊行してはいかがか、とのご提案をいただき、ありがたくお受けした。未発表の講演原稿も含め、本書に加えた講演五点を選んでくださったのも田所さんである。結果的に、旧版は大幅に増補されることになった。田所健太郎さんのおかげである。

本書をお読みになられた方々が、ご自身で旧約聖書をひもとき、そこにたたみ込まれ、後の世界宗教へと引き継がれてゆくことになる信仰と思想に思いをはせてくださるならば、筆者としてはうれしいかぎりである。

旧約聖書の故地における平和共存を念じつつ、

二〇二五年一月二六日

月本昭男

聖書略語表

・聖書の書名については、以下のように略語で示し、章番号は漢数字、節番号は算用数字で示した（例「ルカによる福音書」二四章27節→ルカ二四27）。
・「旧約聖書続編」については割愛した。

旧約聖書	
創	創世記
出	出エジプト記
レビ	レビ記
民	民数記
申	申命記
ヨシュ	ヨシュア記
士	士師記
ルツ	ルツ記
サム上	サムエル記上
サム下	サムエル記下
王上	列王記上
王下	列王記下
代上	歴代誌上
代下	歴代誌下
エズ	エズラ記
ネヘ	ネヘミヤ記
エス	エステル記
ヨブ	ヨブ記
詩	詩篇
箴	箴言
コヘ	コヘレト書
雅	雅歌
イザ	イザヤ書
エレ	エレミヤ書
哀	哀歌
エゼ	エゼキエル書
ダニ	ダニエル書
ホセ	ホセア書
ヨエ	ヨエル書

アモ	アモス書
オバ	オバデヤ書
ヨナ	ヨナ書
ミカ	ミカ書
ナホ	ナホム書
ハバ	ハバクク書
ゼファ	ゼファニヤ書
ハガ	ハガイ書
ゼカ	ゼカリヤ書
マラ	マラキ書

新約聖書	
マタイ	マタイによる福音書
マルコ	マルコによる福音書
ルカ	ルカによる福音書
ヨハネ	ヨハネによる福音書
使徒	使徒言行録
ロマ	ローマの信徒への手紙
一コリ	コリントの信徒への手紙一
二コリ	コリントの信徒への手紙二
ガラ	ガラテヤの信徒への手紙
エフェ	エフェソの信徒への手紙
フィリ	フィリピの信徒への手紙
コロ	コロサイの信徒への手紙
一テサ	テサロニケの信徒への手紙一
二テサ	テサロニケの信徒への手紙二
一テモ	テモテへの手紙一
二テモ	テモテへの手紙二
テト	テトスへの手紙
フィレ	フィレモンへの手紙
ヘブ	ヘブライ人への手紙
ヤコ	ヤコブの手紙
一ペト	ペトロの手紙一
二ペト	ペトロの手紙二
一ヨハ	ヨハネの手紙一
二ヨハ	ヨハネの手紙二
三ヨハ	ヨハネの手紙三
ユダ	ユダの手紙
黙	ヨハネの黙示録

古代イスラエル略年表

紀元前　1000　900　800

出来事

この頃、エルサレム遷都

この頃、南北に分裂

カルカルの戦い（前853）

イエフ、アッシリアに貢納

イスラエルの歩みと主な王

（前1200頃～）部族連合時代

統一王朝

サウル（前1030頃～前1004頃）

ダビデ（前1004～前965頃）

ソロモン（前965～前926頃）

北イスラエル王国

ヤロブアムI世（前926～前907頃）

オムリ（前878～前871）

アハブ（前871～前852）

イエフ（前845～前818）

ユダ王国

レハブアム（前926～前910頃）

ヨラム（前847～前845）

預言者

エリヤ

エリシャ

他の王朝

（新）アッシリア

シャルマネセルIII世（前858～前824）

700　600

- シリア・エフライム戦争（前734〜前732）
- 北イスラエル王国滅亡（前721）
- アッシリアによるユダ王国侵攻（前701）
- ニネヴェ陥落（前612）
- アッシリア滅亡（前609）
- 第一回バビロニア捕囚
- 第二回バビロニア捕囚
- ユダ王国滅亡（前586）
- バビロニア王国滅亡（前539）
- 捕囚帰還
- 第二神殿完成（前515）

- ヤロブアムⅡ世〔前787〜前747〕
- メナヘム〔前747〜前738〕
- ペカ〔前735〜前732〕
- ホシェア〔前732〜前722〕

- ウジヤ〔前787〜前736〕
- アハズ〔前744〜前729〕
- ※共同統治を含む
- ヒゼキヤ〔前728〜前697〕
- マナセ〔前696〜前642〕
- ヨシヤ〔前639〜前609〕
- ヨヤキム〔前609〜前598〕
- ヨヤキン〔前598〜前597〕
- ツェデキヤ〔前597〜前587〕

バビロニア捕囚期

- アモス
- ホセア
- ミカ
- イザヤ
- ゼファニヤ
- エレミヤ
- エゼキエル
- 第二イザヤ

- ティグラト・ピレセルⅢ世〔前744〜前727〕
- センナケリブ〔前704〜前681〕

（新）バビロニア

- ナボポラッサル〔前625〜前605〕
- ネブカドレツァルⅡ世〔前604〜前562〕

ペルシア

- キュロスⅡ世〔前559〜前530〕
- ナボニドゥス〔前555〜前539〕

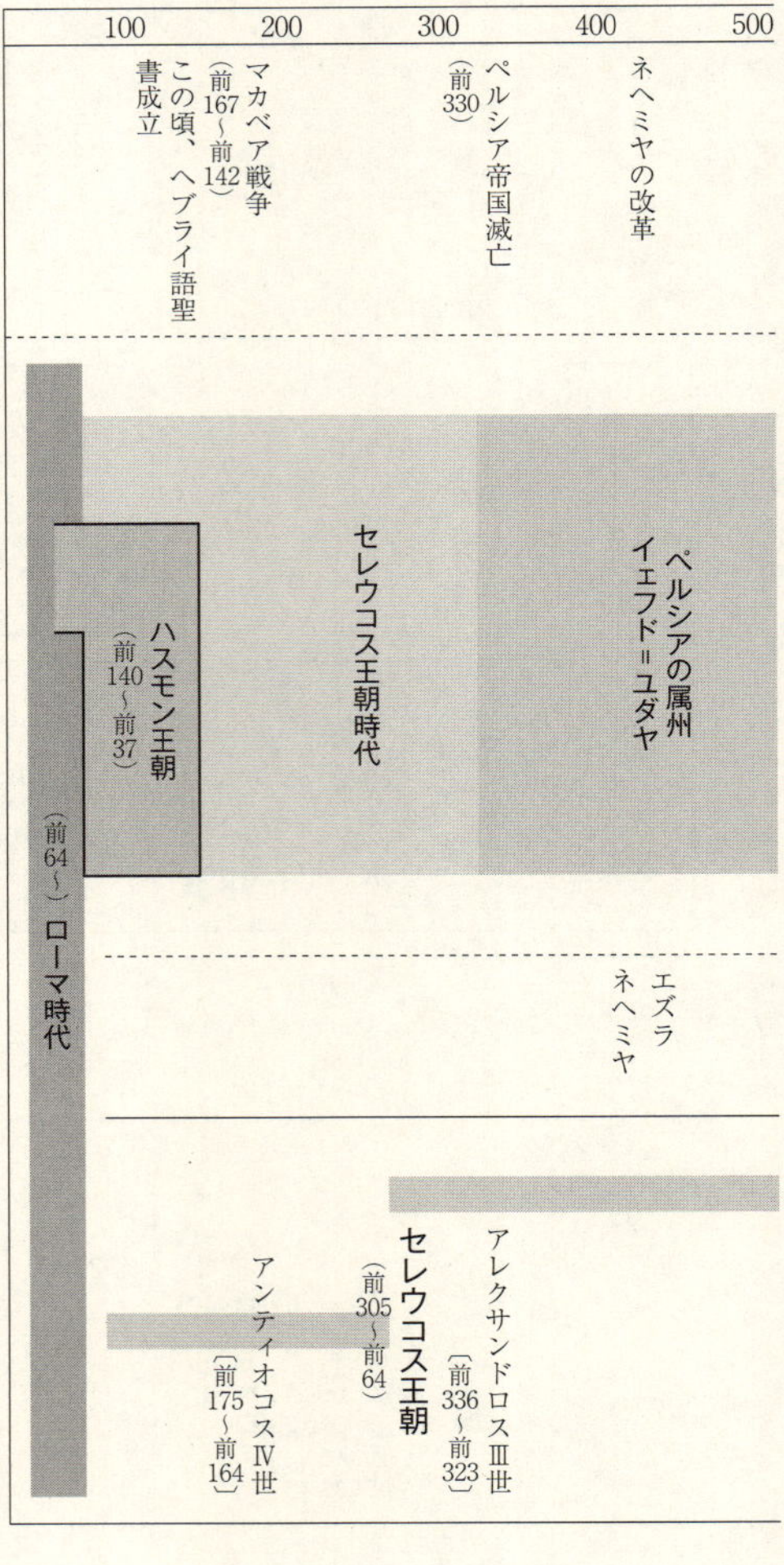
100
200
300
400
500
ネヘミヤの改革
ペルシア帝国滅亡（前330）
マカベア戦争（前167〜前142）
この頃、ヘブライ語聖書成立
ペルシアの属州
イェフド＝ユダヤ
セレウコス王朝時代
ハスモン王朝（前140〜前37）
（前64〜）ローマ時代
エズラ
ネヘミヤ
アレクサンドロスⅢ世（前336〜前323）
セレウコス王朝（前305〜前64）
アンティオコスⅣ世（前175〜前164）

本書は、二〇〇八年二月に聖公会出版より刊行された。文庫化にあたり、「歴史と信仰——預言者ホセアに学ぶ」「主はわが牧者——ヤコブの生涯に学ぶ」「旧約聖書と現代——一神教は暴力的か」「古代文学にみる友情」「旧約聖書における物語文学の構造と主題」の五本の講演を増補した。

ちくま学芸文庫

増補　古典《こてん》としての旧約聖書《きゅうやくせいしょ》

二〇二五年三月十日　第一刷発行

著者　月本昭男（つきもと・あきお）

発行者　増田健史

発行所　株式会社　筑摩書房
東京都台東区蔵前二―五―三　〒一一一―八七五五
電話番号　〇三―五六八七―二六〇一（代表）

装幀者　安野光雅

印刷所　大日本法令印刷株式会社

製本所　株式会社積信堂

ISBN978-4-480-51294-9 C0116